风俗温厝卷

『风土海沧』民俗调查丛书

主编　黄达绥　吴光辉

知识产权出版社
全国百佳图书出版单位

图书在版编目（CIP）数据

“风土海沧”民俗调查丛书．龙佑温厝卷／黄达绥，吴光辉 主编．—北京：知识产权出版社，2018.12

ISBN 978-7-5130-3978-9

Ⅰ．①风…　Ⅱ．①黄…　②吴…　Ⅲ．①乡村—风俗习惯—调查研究—厦门
Ⅳ．① K892.457.5

中国版本图书馆 CIP 数据核字（2018）第 252471 号

内容提要

本书由厦门市海沧区文化馆“风土海沧”民俗调查组在 2014 年 3 月至 2015 年 8 月，深入温厝行政村，实地采访温厝村老人会、慈济北宫和龙山宫等庙会理事会，温氏、苏氏、林氏、刘氏等宗亲理事会及知情人士，收录了温厝村的历史沿革、文物历史、地方民俗和镜像温厝等第一手调查资料汇编而成，内容丰富、图文并茂、资料翔实。

责任编辑：刘晓庆　　　　**责任印制**：刘译文

“风土海沧”民俗调查丛书

龙佑温厝卷

LONG YOU WEN CUO JUAN

黄达绥　吴光辉　主编

出版发行：知识产权出版社有限责任公司　　**网　　址**：http：//www.ipph.cn
　　http：//www.laichushu.com
电　　话：010-82004826
社　　址：北京市海淀区气象路 50 号院　　**邮　　编**：100081
责编电话：010-82000860 转 8073　　**责编邮箱**：liuxiaoqing@cnipr.com
发行电话：010-82000860 转 8101　　**发行传真**：010-82000893
印　　刷：三河市国英印务有限公司　　**经　　销**：各大网上书店、新华书店及相关专业书店
开　　本：787mm×1000mm　1/32　　**印　　张**：5.25
版　　次：2018 年 12 月第 1 版　　**印　　次**：2018 年 12 月第 1 次印刷
字　　数：105 千字　　**定　　价**：48.00 元

ISBN 978-7-5130-3978-9

"风土海沧"民俗调查丛书

《龙佑温厝卷》编委会

主　编　黄达绥　吴光辉

编　委　黄达绥　吴光辉　刘丽萍
林致平

采编人员　林致平

序　言

闽南，锦绣中华的灿烂奇葩，扬名世界的创业热土！闽南，海上丝绸之路的起点，海外华夏游子的故乡！闽南，博采古越文化、中原文化、外来文化，形成了一体多元的文化融合；闽南，凝聚山岳部落、海岸文明、海洋文化，构建了自由开放的文化模式。晴天碧海、红砖古厝，组成了闽南的主流格调；南曲雅韵、绿芽春茗，谱写了闽南的无数传奇。

如果说闽南是中华文化的奇葩、扬名世界的热土，那么我们如今所要讲述的海沧，就是这一朵奇葩、一片热土的缩影。正如“海沧”这一名称所谕示的，它是一个资源丰富的天然港湾，它是一个物产繁多的无尽宝藏。同时，它也是我们毕生难以割舍的留恋之根，一世无法忘怀的风土之乡。

作为陆地门户，海沧自古以来就具有极为突出的重要地位。据《三都建义仓奏记》梁兆阳邑令之记载：“澄地为漳门户，治之北有隔衣带地，周环四十里许，年所征赋予澄籍居十之三，名三都者。”“三都”之名，始于南宋时期的保甲制度，该地设置海沧一都、二都、三都。到了明代，一都、二都、三都合并为一二三都，简称“三都”。作为三都之地的海沧，一直以来就流传着“九头九尾十八坑”之传说。所谓“头”，是指曲折海岸线中凸出的部分，“九头”是指石塘村的水头、排头、地头、渐美村的马地头、贞庵村的澳头、后井村的石甲头、许蓝头、地岸头、海沧村的大路头。所谓“尾”，是指沿海凸出一部的末端，“九尾”是指渐美、坂尾（锦里）、钟林尾（钟山）、后山尾、草仔尾、陈都尾（温厝村属）、路头尾（海沧村属）、下尾（吴冠村属）、山尾（吴冠村属）。所谓“坑”，是指低洼的地方，“十八坑”则分别指青礁村的龙湫坑（东宫故地），古楼村的后陵坑，困瑶村的西宁坑，锦里村的马坑、肖坑，温厝村的寮坑、宁坑、苏坑、蔡坑、徐坑，海沧农场的洪坑，后井村的内坑，渐美村的芦坑，石塘村的马内坑、花坑、斜坑、东坑。正是在这样的自然风土上，海沧构建起了独特的人文气息。

作为海上枢纽，海沧的战略地位一直备受世人关注。革命先驱孙中山在其《建国方略》对厦门港的规划中留下了这样一段记载：“（厦门）此亦一老条约港也，在于思明岛。厦门有深广且良好之港面，管有相当之腹地，跨福建、江西两省南部，富有煤铁矿产。此港经营对马来群岛及南亚细亚半岛之频繁贸易，所有南洋诸岛、安南、缅甸、暹罗、马来各邦之华侨大抵来自厦门附近，故厦门与南洋之间载客之业极盛。如使铁路已经发展，穿入腹地煤铁矿区，则厦门必开发而为现在更大之海港。吾意须于此港面之西方建新式商埠，以为江西、福建南部丰富矿区之一出口。此港应施以新式设备，使能联陆海两面之运输以为一气。”其中的“此港面之西方建新式商埠”“施以新式设备，使能联陆海两面之运输以为一气”，也就是在厦门港的西侧，即海沧建设一个新式港口，形成海陆联运的东方大港。

作为文化荟萃之地，海沧这一片热土始终充满着丰富多样的人文气息。海沧的文化之根在于陆地，源于中原。但是，海沧的文化并没有停留在陆地或者中原的文化传承，而是不断地向大海延伸、向海外扩展。如果说闽南是大海的故乡，那么海沧则也是一大批海外人士的故乡。钟山蔡氏、石塘谢氏、锦里林氏、祥露庄氏、贞庵江氏……不仅在海沧繁衍生息，同时也在数百年期间先后迁移到了中国台湾地区、东南亚等一带。为了不忘祖先福荫之恩、水源木本之义，海沧先民修建祠堂、重整家庙，构建起了闽南地区极为独特的宗教信仰与文化传承。在这片土地上，保生大帝的民间信仰、闽台送王船的风俗礼仪、海沧蜈蚣阁进香等活动，既充满了无比浓郁的地方传统氛围，同时也带有不断创新的现代人文特征，形成了具有自身独特风格的人文风土。

作为文明窗口，海沧的社会进程展现了中国乡村文明的深化与发展，并始终保持着与时俱进的步伐。三都之名凸显了海沧的历史渊源，行政变迁提示了海沧自乡村向城市不断发展的区域演变，经济腾飞再现了海沧改革开放、积极进取的时代精神，传统回归彰显了海沧人不忘根本、探索文化融合的质朴性格。如果说《建国方略》展示的是海沧在海西建设中的未来性，那么如今的海沧随着新开发区的建设，已经成为厦门联络中国台湾、中国香港特别行政区、日本、韩国、东南亚、印度乃至美国等国家和地区，构建福建乃至中国全球化发展的重要基地。所谓“文明窗口”，也就是海沧经历了从传统乡村到现代都市的蜕变，成为中国社会文明进步的一道缩影；所谓“与时俱进”，或许并不只是海沧一地所独有的根本性格，但可以说它正是海沧得以蓬勃发展、不断进步的思想源泉与核心动力之所在。

或许我们可以说，海沧的本质在门户枢纽、文化、文明之中彰显海沧魅力，而事实上，随着社会的发展，尤其是城市化的不断扩张，海沧正在历经变迁，甚至体验痛苦的蜕变，以实现新时代的自我定位的转型。但我们相信，海沧的变迁并不是遮蔽或者隔断源于传统地区定位，而是将它进一步加以深化，或者说展开了一个全方位的科学定位。

时代的步伐不可阻挡，时代的变迁令人回想。如今，在海沧这一片历经千年传承、东风西雨一遍遍洗礼的土地之上，拥有数不尽的文化传统、历史遗迹、人文风格的乡村开始逐渐退出历史舞台。这究竟是一个时代的进步，还是一个文化的遗失；究竟是一个现代文明的拓展，还是一个本土文化的断裂？或许我们要尝试去做的就是将它们记录下来，使它以一个新的形式流传下去。

风土海沧系列研究，就是对海沧乡村的城市化而展开的人文调查。这一研究的缘起，来自海沧文化馆黄达绥馆长的执着追求，同时也是立足于过去的海沧非物质文化遗产的编撰基础。这样一个收集整理资料的过程，无疑是漫长而痛苦的一段经历，但是同时也是面临城市新规划必须解决的迫在眉睫的问题。不仅如此，作为编写委员会的一员，我也禁不住不断地质问自己，海沧是什么？如何来表述海沧？如何来评价表述海沧的行为？

首先，海沧是什么？或许对于大多数的外来者而言，它不过是一个流动人生的驿站，一个短暂休憩的港湾。但是，对于一直生活在这一片土地上的人而言，它是一条没有发生任何转移的根；对于始终眷念着这一片土地的宁静与和谐的人而言，它是一片可以寄托希望、实现梦想的热土。海沧不再是与我们相对立的存在，而是我不得不加以依托且将我们包容在一起的故乡。而且，也正是海沧文化风土的极为丰富的多样性，使我们找到寄存于我们心底的故乡。海沧是一片海，展现出了它的包容性；海沧是一首诗，述说着它的曲折历史，海沧就是这样的一片热土。

如何来表述海沧？它给予我们的感动，不仅在于它的风土地貌、建筑景致、民俗祭祀，同时也在于它深切的、终极的人文关怀。海沧的风土地貌并不稀奇，但是却充满了崎岖坎坷；海沧的建筑景致也不独特，但是却带有了斑驳沧桑；海沧的人文祭祀也不新奇，但是却依托在了山海之间。就在这样的不起眼处、不经意间，海沧的人文风土得以凸显。茅草屋上吹拂的茅草，小桥流水间逝去的落叶，远山烟雾笼罩下的杉树林，常常让我面对海沧的这一片宁静而和谐的大海发出无限感叹。这样的感动，并不是将会给我带来什么惊诧的表情或者什么紧张的情绪，而是一种潜移默化的、不断深入心底的流动。或许也就在这样的不起眼处、不经意间，我们已融入了它的人文风土之中。

优秀传统文化是中华民族的精神纽带，是中华民族的精神之根、智慧之根，是中华民族生生不息、团结奋进的不竭精神动力，任何国家和民族在世界的崛起，不仅需要经济、军事等国家硬实力的强大支撑，也需要内向凝聚力、外向感召力和文化软实力相辅相成，从而不断增强建设民族共有的精神家园，努力提高全社会文化自觉和文化自信。如何来评价我们的表述海沧的行为？看起来我们所尝试的，不过是将历史的资料、现实的感受、口述的文本堆砌在一起，但我们是用这种最为直观的呈现，来传承优秀的传统文化，把握未来前行的方向，这也正是本系列图书始终坚持不变的叙述方式的根源之所在。

夕阳西下，古榕参天，海沧风土系列考察就是以钟山村为起点而逐步深入的。我还依稀记得第一次踏入钟山村的情形：在一片夕阳的光晕之中，榕树留下了无数的斑驳身影，长街两畔的古宅越发凸显出了历史的沧桑，黄达绥馆长、林致平顾问、刘丽萍女士与厦门大学人类学的博士们一道朝着夕阳下的道路前行。就在这一刻，我感受到了一种生命的永恒。这是一种夕阳、古树、小道、旧宅联系到一起，流淌出和谐静谧的氛围的一种生命的永恒，会伴随着我们的工作而不断地延伸下去，并激励着我们一路走下去的一种生命的永恒。

吴光辉 谨记

厦门大学囊萤楼

2015 年 10 月 28 日

目录

第一章　历史沿革

第一节　基本建设

温厝社区位于海沧街道西南部，九龙江入海口的北岸，下辖的赤石社是过去闻名两岸的大码头。整个社区面积6.67平方千米，下辖温厝、宁店、宁坑、赤石、马垅、石仓、山后、萧坑、长园9个自然村，共有村民1300多户，常住人口4300多人。温厝社、赤石社以温姓占大部分，包括程、李、魏、刘诸姓。宁店以李姓为主，宁坑林姓较多，马垅刘姓、石仓李姓、山后苏姓、萧坑萧姓、长园林姓皆具有一定的代表性。温厝为著名华侨之乡，华侨多分布在马来西亚、新加坡等东南亚国家。

温厝历代隶属海澄县三都地区，中华人民共和国成立前，称金霞乡温厝保；中华人民共和国成立后，废除保甲制，为海澄县第四区公所（海沧）温厝乡。1958年4月，撤区并乡，归海沧乡管辖。1958年8月，划归厦门市，属厦门市郊区海沧公社，设温厝大队。1961年10月，拆解海沧公社，成立海沧区公所，下设渐美、锦里、海沧三个公社。1963年5月，又复归海沧公社。1984年，改为海沧乡。1986年，改镇，设温厝行政村。1987年7月，郊区改集美区。1995年10月，海沧镇、东孚镇划入杏林区。2003年10月，杏林区改名海沧区。2005年7月，海沧镇撤销，分为海沧街道、新阳街道，设海沧街道温厝社区居委会。

温厝村民以农业为主，渔业为辅。耕地面积5200多亩，主要种植稻谷、花生、甘薯、蔬菜；海田（围海造地而成）面积760亩，海边滩涂900多亩，村民从事淡水、海水养殖。温厝村拥有山后山（大观山）和大岩山（云塔山）的大面积山林，也从事龙眼、荔枝等果树种植。

中华人民共和国成立以来，与海沧的其他村庄一样，温厝村经历了从个体农户到农业合作社到人民公社的发展时期，村民的生活水平不断提高，建立了碾米厂、榨油厂、壳灰厂、农具厂、打铁厂、锯木厂等村办企业，组织了水产养殖队、养猪场、果林队、副业队，社员收入不断提高。

1997年以来，村委会和村党支部组织村民们大力发展农副业生产，承包土地、山地、滩涂，积极开展农作物种植、果树种植、水产养殖。与此同时，政府还加大村里基本建设的投入力度，修建了村前广场、农贸市场，组织进行了全村的电网改造和村道硬化改造，全村的自来水管网安装，还扩建了村办小学，为村民的生产、生活、学习提供了良好的条件。

自1990年海沧辟为台商投资区之后，温厝村的土地上陆续出现了厦门翔鹭化纤、翔鹭石化、腾龙树脂、林德气体、众达钢铁等众多公司。这样一来，征地、拆迁、安置、新社区建设就成了温厝村的工作重点。

第二节 行政变迁

征地建厂

为了支援国家建设和海沧投资区的发展，温厝村民众从大局出发，积极支持政府的征收土地工作，尤其是 1997 年程水平当选村民自治村委会（以下简称村委会）主任以后，积极团结温厝村“两委”❶全体干部，努力为全体村民谋利益，保障了征地工作有条不紊地进行。自 1991—2007 年，温厝村共征收土地将近 6000 亩（耕地 4757 亩，其余为海田和滩涂），2007 年至 2012 年再次征收耕地 450 亩。如今，除了正在共同缔造新农村的山后自然村还保留耕地 50 亩之外，所有耕地皆已征收完毕。

温厝村征地工作的成效之一，首先是第一个在海沧推行土方工程、地材招标制度。为了公平公正、避免纠纷，维护社会稳定，温厝村于 1999 年开始在所有征收土地、征收滩涂等项目中第一次推行统一公开招标制度，全体村民分享了工程承包的收益。1999 年，在南海三路土方、地材招标中，每个温厝村民分得了 300 元人民币；1997—1999 年，马埭头、廖坑等处征地。2000 年，长园、萧坑的土方工程招标，以及后来的海沧出口加工区、污水厂等多处征地、土方工程、地材的统一招标之中，村委会都将收益分给大家，得到了村民们的拥护和赞赏。

其次，温厝村采取了灵活多样的方式与现代化的管理，为广大村民最大化地谋取利益。2004 年，温厝村一些集体土地被征用，政府发放了征地补偿费。程水平带领村“两委”经过多方考察调研，认为用补偿费购买通用厂房再出租给客户，可以有效地让闲置资金发挥作用，而村民可以从中获得更大的收益。村“两委”经过广泛宣传、细心解释，得到村民们的理解，而后组织全村人员投票表决，一致通过了购房方案，利用 1400 万元人民币补偿费购买了一栋出口加工区的通用厂房，建筑面积 8850 平方米。2005 年，中央政府和省农业厅通知，要求必须将 70% 的征地补偿费发到农民手中。与海沧各村按照上级要求发放不同，温厝村紧急召开全村大会，宣讲购

---

❶ 村“两委”是村中国共产党党员支部委员会和村民自治委员会的简称，习惯上前者简称“村支部”，后者简称“村委会”。

买厂房的好处，与大家仔细算经济账，认真听取大家意见，最后由各户派代表进行表决。约 73% 的代表同意不拿现金，支持村委会继续购买了第二栋厂房，于是村委会又利用 1400 万元购买了建筑面积 7660 平方米的一栋通用厂房。2007 年，部分村民集体上访，要求卖掉厂房，把钱分发下去，一时间闹得沸沸扬扬。村委会依靠宣讲、解释，摆数据、列收益的方式予以劝解说明，最后获得 97% 的户派代表的支持，大家表决的结果是不卖厂房。如今，两栋厂房的净资产达到了一亿元人民币，资产也转化为股份，每股股价为 7000 元。其中，村民个人出资 3500 元，村委会出资 3500 元。自 2006 年开始，4000 个股东每年都可以分红 650 ~ 700 元，村民们得到了实际收益。

拆迁安置

自 2003 年开始，温厝村开始了拆迁工作。一开始，响应海沧出口加工区建设和道路修建，长园、萧坑、石仓等几个自然村率先整村拆迁，并陆续搬迁到新小区居住生活。在之后的数年时间里，宁店、温厝、赤石、宁坑、马垅 5 个自然村都被列入拆迁日程。2009 年，宁店社张贴拆迁公告，拆迁动员、协调安置、新社区建设就成了村“两委”的主要工作。

配合政府部门进行拆迁动员是一项艰巨而繁杂的工程，程水平主任、温建国书记和全体村“两委”干部不畏艰难、耐心细致地做好每一户家庭的思想工作，使温厝村的拆迁任务得以顺利开展并取得了巨大成绩。目前，全村已有 90% 以上的农户都已经签订了拆迁协议书，一部分有财产纠纷和其他问题的农户也在协调中。

温厝村搬迁的农户大部分搬到了安置小区——兴港花园。为使村民们拥有一个良好的生活环境，村委会努力与政府部门协调，在居住小区设立了老人活动室、健身步道、小广场等活动场所。宫庙是村民们的信仰重地，村干部和各个小组长经过努力争取，也在小区的沿街店面找到了临时安置的场所，为信众们供奉神灵和祭拜先祖提供了方便。

温厝村原来位于塚仔山的骨灰室安放着 800 多位已逝先人的骨灰盒，也面临着搬迁问题。程主任和村“两委”干部逐户走访，动员群众改变观念，最后征得全部先人家属的同意，在风景秀丽、风水极佳的海沧文圃山恩泽园找到了安放先人骨灰的场所，让先人得以安息。

近几年，随着温厝社区九个自然村的陆续拆迁，相当部分的村民搬迁到安置小区兴港花园入住。这里的居住环境不错，一栋栋多层住宅楼沿街排列，阳光充足、鸟语花香。但是，村民的一些旧习俗也被带入了新社区，如经常可以看到各家各户的红白喜事也在兴港小区里操办。

由于地方条件的限制，村民们办理丧事变成了一道难题。一些噪声烟雾难免影响左邻右舍，街坊邻里经常因为这事吵架，打电话报警，甚至到政府部门上访屡见不鲜。温厝社区“两委”干部经常介入予以调解，但都是治标不治本，居民矛盾无法完全得以化解。

2013 年，社区主任程水平经过多方努力，在区政府和海沧街道的支持下，在兴港小区的空地上建成了一座约 700 平方米大跨度钢结构的“怀恩堂”。大堂宽畅明亮，水泥地面平整，确实是个很好的怀恩场所。只要是温厝社区或者居住兴港小区的居民要办理丧事，都可以到怀恩堂来操办，杜绝了在小区内部办理丧事的陋习。从此，兴港小区的环境更安静了，空气更新鲜了，邻里也更和睦了。

新社区建设

村民们陆续搬进新社区。如何把新社区建设得更好，让村民们既住得安心，又可以分享原有集体财产的收益，这样的一系列难题再次摆在了温厝村的领导面前。程水平主任花费了不少时间和精力，与政府部门多次协商，努力探讨最佳方案，终于有了初步的成果。

到 2013 年，经过与上级部门申请、协商，温厝村的公共财产，如村部大楼、学校、菜市场、卫生所等公共建筑共有 10561 平方米，将置换为位于兴港花园三期的北侧店面 7300 平方米。剩余的 3200 平方米待兴港花园四期建成后，再置换新建店面。新建店面将出租给商家，收益将以温厝现有人口为基准进行分配。

继 2004 年和 2005 年购买两座厂房之后，温厝“两委”正在和村民们探讨购买第三座厂房的设想，并试图将一部分山地等集体财产进行量化，且决定通过召开村民大会，在大家统一意见之后予以实施。

乡贤理事会

温厝村“两委”的干部历年来皆非常重视助学助贫工作，利用附近各个企业赞助的资金和村里的部分资金每年都对困难家庭和贫

集资方案表决大会

困学生进行补助。随着村民们陆续搬进了新社区，为了让那些需要的人可以得到长期的帮助，程水平主任牵头成立了温厝社区乡贤理事会。这个举动为海沧区首创，获得了不少村民的赞赏。

温厝村乡贤理事会由39位理事组成，理事会名单见表1–1，程水平主任担任理事会会长，温建国书记担任监事会会长，党支部宣委苏登坡担任秘书长。大家积极捐助资金，统一归并理事会户头，由理事会协商确定补助决策与补助对象。

表1–1　海沧街道温厝社区乡贤理事会名单

序　号	姓　名	职　务	序　号	姓　名	职　务
1	程水平	理事长	21	刘纪象	成员
2	苏登波	秘书长	22	颜夏生	成员
3	程水杰	成员	23	肖和平	成员
4	程友国	成员	24	温斌辉	成员
5	陈亚泡	成员	25	李汉明	成员
6	温志伟	成员	26	林国兴	成员
7	李流全	成员	27	林再生	成员
8	林　庸	成员	28	吴亚瑞	成员
9	陈金聪	成员	29	温国发	成员
10	康少华	成员	30	温斌国	成员
11	李忠成	成员	31	温水龙	成员
12	余水建	成员	32	温志丹	成员
13	林联和	成员	33	叶英杰	成员
14	黄国华	成员	34	温卫斌	成员
15	苏亚木	成员	35	温友利	成员
16	魏乔龙	成员	36	温亚景	成员
17	温本智	成员	37	温子坚	成员
18	李亚炉	成员	38	蔡少毅	成员
19	李安居	成员	39	李志强	成员
20	温国策	成员			

乡贤理事会活动现场

温厝村下辖山后社，也设立了乡贤理事会的分会，其主要职责是为村庄的建设筹措部分启动资金。目前，山后社乡亲每户捐款两万元，为共同缔造美丽新农村发挥了极为重要的作用。温厝村的其他情况见表 1–2 至表 1–4。

表 1–2 温厝村行政变迁

时　间	行政机构名称	人　员	备　注
中华人民共和国成立前	海澄县海沧乡温厝保	保长：郭志远，温红员	—
1949 年	海澄县第四区海沧乡温厝村	村主任：温乌宙	辖 9 个自然村
1952 年	温厝村农业生产互助组	—	土地改革，8~10 户成立一个互助组
1954 年	第一届党支部成立	书记：李达忠	—

续表

时　间	行政机构名称	人　员	备　注
1955 年	海澄县海沧区 温厝初级社联社	社长：林本粒	时间较短，约半年多
1956 年	海澄县海沧区 温厝高级社	社长：林亚兵	—
1958 年	厦门市郊区海沧公社 温厝大队	大队长：林亚兵 书记：张建成	人民公社
1961 年	渐美公社温厝大队	书记：张建成	海沧人民公社析为锦里、渐美、海沧三公社
1964 年	三个小公社合并为海沧人民公社温厝大队	书记：李达忠	—
1965 年	海沧公社温厝大队	书记：温亚芬 大队长：蔡咨狮	—
1969 年	温厝大队革命领导小组	书记：温水和 大队长：温亚芬	—
1970 年	—	书记：林树木 大队长：温亚芬	1972 年其后， 李达忠任书记
1976—1979 年	海沧公社温厝大队	书记：温水和 大队长：温亚芬	—
1979—1981 年	海沧公社温厝大队	书记：林亚东 大队长：温亚芬	—
1981 年	海沧公社温厝大队	书记：李达忠 大队长：温亚芬	—
1984 年	海沧乡温厝村	书记：林明柱 村主任：温碰狮	公社改乡， 大队改村委会
1986 年	海沧镇温厝村	书记：林明柱 村主任：温碰狮	海沧乡改海沧镇
1987 年	集美区海沧镇温厝村	书记：林明柱 村主任：温碰狮	1987 年改郊区为 集美区

续表

时　间	行政机构名称	人　员	备　注
1995 年	杏林区海沧镇温厝村	书记：林明柱 村主任：温碰狮	海沧镇划入杏林区
1997 年	杏林区海沧镇温厝村	书记：苏容联 村主任：程水平	—
2003 年	海沧区海沧镇温厝村	书记：温建国 村主任：程水平	杏林区迁海沧改名 海沧区
2006 年	海沧街道温厝社区	书记：温建国 村主任：程水平	海沧镇析为海沧、 新阳两街道 温厝村改温厝社区
2009 年	温厝社区居委会	书记：温建国 村主任：程水平	海沧街道

表 1–3　1984 年至 2014 年温厝村村“两委”一览表

时　间	书　记	副书记	支　委	主　任	副主任	村　委	备　注
1984— 1987 年	林明柱	温碰狮	程　乌 余水建 温亚芬 李观回	温碰狮 （代）	温碰狮 温亚芬	王秀芬 余水建 苏亚木 柯建团	调解主任 康高远， 团书记李建兴
1987— 1989 年	林明柱	温碰狮	余水建 王秀芬 苏亚木 柯建团	温碰狮	苏亚木	余水建 王秀芬 李忠成 柯建团	—
1989— 1991 年	林明柱	温碰狮	余水建 王秀芬 苏亚木 柯建团 李忠成	温碰狮	柯建团 余水建	王秀芬 苏亚木	—

续表

时　间	书　记	副书记	支　委	主　任	副主任	村　委	备　注
1991—1994 年	林明柱	温磁狮	余水建 王秀芬 苏亚木 柯建团 李忠成	温磁狮	余水建 柯建团	王秀芬 苏亚木	余志强团书记 1993 温月佳团书记
1994—1997 年	苏容联	—	余水建 王秀芬 李忠成 苏亚木	温磁狮 苏容联代	张国兴 柯建团	温国忠 王秀芬	—
1997—2000 年	苏容联	柯建团	张国兴 王秀芬	程水平	温斌辉	温国忠 吴亚瑞	温建国 文书兼统计
2000—2003 年	温建国	程水平 王秀芬	张国兴 苏登波	程水平	康少鹏	温国忠	温舟生文书 康少龙统计
2003—2006 年	温建国	程水平 王秀芬	王秀芬 张国兴 苏登波	程水平	康少鹏	温国忠	—
2006—2009 年	温建国	程水平	王秀芬 张国兴 苏登波	程水平	康少鹏	温月佳	2007 年程耀辉团书记
2009—2012 年	温建国	程水平	王秀芬 张国兴 苏登波	程水平	康少鹏	温月佳	—
2012—2015 年	温建国	程水平	温月佳 张国兴 苏登波	程水平	康少鹏	余志强	—
2015 年—至今	温建国	程水平	温月佳 康少鹏 余志强	程水平	康少鹏	余志强	—

表 1-4 温厝社区各居民小组、党小组组长名单

组别	第 1 组	第 2 组	第 3 组	第 4 组	第 5 组	第 6 组	第 7 组	第 8 组
居民小组长	颜夏生	肖和平	吴亚田	余志强	温国华	温国强	温剑光	叶荣旗
党小组长	颜夏生	李忠成	林宝国	谢春民	温德宁	温国忠	林　王	林水湖
组别	第 9 组	第 10 组	第 11 组	第 12 组	第 13 组	第 14 组	第 15 组	
居民小组长	温卫仁	温惠坤	温本才	林发展	李亚炉	李南旗	苏永成	—
党小组长	温建坤	苏亚木	温宗华	李优福	李亚炉	李汉彬	苏亚斗	—

第三节　教育事业

温厝村文化教育历史悠久，源远流长。海沧地区著名的云塔书院，就坐落于温厝村云塔山。温厝村历史名人温如璋，据说就是由云塔书院培养出来的明朝万历十七年（1573 年）的科举进士。沧海桑田、云卷云舒，尽管云塔书院渐渐衰落，只留下了残垣断壁，但是温厝子弟勤奋好学、求知若渴的精神却一直延续下来。村民办学的意愿长久不衰，为本村、为社会培养了一批又一批有文化、有抱负的精英人才。❶

清朝光绪年间，温厝就出现了一座知名的私塾——苍山私塾，设在石仓社，附近的温厝、后井、贞庵等数个乡村的富裕人家都把孩子送到这里读书，一直办到 1941 年才结束。石仓社的一块石碑曾

❶ 2014 年 7 月 ~ 8 月，在温厝村支委温月佳的带领下，调查组采访了早年村支部分管教育的余水建老人、担任温厝小学校长 12 年的温伯敬老人、村支部的苏登波、石仓社的热心人士李志强、刘汉生老人了解村里的办学情况。

早期学校旧址温氏家庙垂裕堂

记载了苍山私塾的办学过程。

20 世纪 40 年代，温厝村开办了一所公立初小学校——龙塘小学，设在温氏祖庙垂裕堂。74 岁的温伯毅老先生至今还清楚记得，每日上课之前，学校都会在祠堂前面的大坪上举行升旗仪式，学校教师非常严格，不听话的学生经常被老师用戒尺打手掌。

中华人民共和国成立以后，人民生活渐趋安定，村里人口逐渐增加，适龄儿童也慢慢增加，祖庙作为学校显得小了。为满足村民子弟上学的需求，村里人士出面，向侨居南洋的华侨人士借用温厝社南侧大拱门附近的大屋（温厝社 202 号温石熊宅）作为新校舍。这座房子正面的墙上还可以清晰地看到当年国家制定的教育方针："教育为无产阶级政治服务，教育与生产劳动相结合"。这标语是 1961—1962 年由当时的陈德谨校长亲手书写在学校的砖墙上的，温炳杰老人亲身经历，记忆深刻。

华侨大厝的建筑是前后两进，进深共 3 间，面阔 3 间，左右还有护厝（厢房）。走在大厝前面的小广场，仿佛可以听到教室里传出来的读书声，看到儿童们在简陋的环境里快乐地学习，健康地成长，让人不由得思绪万千。

因为温厝村的石仓、山后等自然村距离温厝小学比较远，所以

借用华侨大厝办学

那个时候就在两个自然村开办了一年级班和二年级班，学校派教师去进行教学。石仓、山后的孩子念完二年级之后，再转到温厝小学继续念三四年级。

1972—1974 年，海沧中学在马垅社和石塘村各办了一个分校，一些住在较远村庄的学生可以到分校接受中学教育。1978 年，位于温厝社中部小山坡上的温厝小学开始建设。由于资金有限，大队组织人员自己夯土垒土墙，建了一栋教学楼。1989 年，区教育局资助部分资金，村委会自筹部分资金，建设了一栋漂亮的三层教学楼，每层四间教室。自此，温厝小学逐渐走上了办学的正常轨道。那个时期，马来西亚华侨温宗墉先生出资捐建了二楼和三楼的两间教室。在即将被拆迁的教学楼上，还可以看到砌在墙里的两块石碑上，刻着“本室由华侨温宗墉先生、颜秀琴女士捐建”的字迹。

随着学生数量的逐年增加，村委会于 1995 年在校舍东面的坡上盖了一座教学楼，以满足五六百个学生的就学需求，学校教师也增加到了 20 多个。学校教育水平不断提高，教学质量也名列海沧前茅。

2006 年，根据海沧区政府的统一部署，温厝小学全面停办。全体师生都并入新建成的海沧外国语附属学校。拥有数十年办学经历

拆迁前的温厝小学校舍

的温厝小学光荣地完成了自己的历史使命。由于温厝村庄的搬迁，早期的办学地点——祖庙、华侨大厝、新建校舍都将陆续拆迁，这些记忆将留存在任教老师和莘莘学子的脑海之中。温厝教育的相关情况见表 1–5、表 1–6。

表 1–5　温厝小学历任校长

时　间	校　长
1951 年	李炳常
1955 年	庄树德
1960 年	翁良标
1961 年	陈德谨
1965 年	郭冷燃
1966 年	庄水东
1971 年	许仁义
1978 年	江甲申
1980 年	杨文林
1982 年	叶文典
1988 年	温伯毅
2001 年	颜世平

表 1-6 2010—2013 年温厝村部分本科毕业生名单

序号	姓名	性别	毕业学校	专业	毕业时间
1	黄红梅	女	厦门理工学院	国际商务	2010 年 7 月
2	李剑龙	男	三明学院	电子信息工程	2010 年 7 月
3	蔡惠璇	女	厦门理工学院	会展经济与管理	2010 年 7 月
4	林志忠	男	集美大学	社会体育	2010 年 7 月
5	温先辉	男	华北电力大学	计算机科学与技术	2010 年 7 月
6	李跃辉	男	厦门理工学院	计算机科学与技术	2010 年 7 月
7	周志辉	男	集美大学	工程管理	2010 年 7 月
8	柯阳嘉	男	华侨大学	法学	2010 年 7 月
9	林志君	男	厦门理工学院	电器工程及自动化	2010 年 7 月
10	刘三妹	女	集美大学	汉语言文学	2011 年 7 月
11	苏翠花	女	华侨大学	物流管理	2011 年 7 月
12	温志森	男	中南大学	矿物加工工程	2011 年 7 月
13	温惠卿	女	漳州师范大学	人文教育	2011 年 7 月
14	李晓艳	女	集美大学	金融	2011 年 7 月
15	林嘉祥	男	东南大学	会计学	2012 年 7 月
16	陈小芳	女	厦门理工学院	财务管理	2012 年 7 月
17	温黄梅	女	长春工业大学	公共事业管理	2012 年 7 月
18	温丽娇	女	集美大学	动、植物检验检疫	2012 年 7 月
19	苏艳红	女	厦门理工学院	国际商务	2012 年 7 月
20	温文龙	男	莆田学院	数学与应用数学	2012 年 7 月
21	李婷婷	女	福建师范大学	地理	2013 年 7 月
22	温舒婷	女	厦门理工学院	财务管理	2013 年 7 月
23	苏跃庭	男	厦门理工学院	物流管理	2013 年 7 月
24	温芯芬	女	福建师范大学	语言文学	2013 年 7 月
25	李丽娟	女	中医学院	医学影像学	2013 年 7 月
26	潘舒欣	女	南京林业大学	管理与信息	2013 年 7 月
27	林娇娇	女	福建师范大学	教育学	2013 年 7 月
28	陈佳源	女	集美大学	英语	2013 年 7 月

第二章　文物历史

第一节　云塔山探奇

云塔山又叫“大岩山”，在温厝村的北面，是蔡尖尾山向西延伸的余脉。山上植被茂盛，漫山遍野的灌木丛间杂着一株株挺拔的马尾松树、相思树，以及村民种植的龙眼树、荔枝树。这里的林地基本都是温厝村的，一条盘山机车路也是温厝村民 1995 年承包山林时修建的。据说，山上有一处明代古迹云塔书院的遗址，还有一座始建于宋代的云塔古寺，调查组便满怀兴趣，联系了温厝社热心人士温斌耀，请他带路上山寻访。

2014 年 5 月 28 日下午，调查组一行三人乘车，顺着被雨水冲刷成深沟浅壑的山道，一路颠簸着开到了半山腰。车子停在一处较宽敞的空地上。空地前方有一大块突兀而起的巨石，足有数十平方米，离路面高出三四米。巨石上还立着一块三米见方、如同天然巨碑状的大石块，上端横书“云门”两个行草大字，右边署名“里人林翰文题”，左边小字“住山正昂勒石”。下方是遒劲的魏碑字体刻成的正文：“长江柯挺，充漳州府学生，以大明隆庆二年推东宫恩应贡读书于此。越万历元年，中顺天乡试第一，未第归。四年赴会试复未第，遂留读书于此。”这段话说的是当年东屿村的柯挺在此读书中解元后，会试未

云门石刻

及第，又回来复读的故事。斌耀介绍，此处是云塔书院的入口处。

云门附近驻足观赏片刻，见天色欲变，调查组三人抓紧时间上山寻找书院遗址。当他们穿草丛、破荆棘，爬上左侧山坡时，突然雷声隆隆，大雨倾盆，且越下越大，无奈之中，他们原路退回到小车上躲雨；因为担心雨水冲刷道路，待雨稍小，赶紧下山，结束了云塔山第一次探奇。

六月初，厦门的雨季基本结束，经过几天阳光照射，料想山上道路已经干透，他们几个相约于 6 月 12 日上午再次上山寻访。

这一次调查组请来了区文化馆的面包车，由于车辆底盘较高，司机技术好，顺利地开到了上次停车的地方，下车后由斌耀在前面带路，继续往上走。顺着车道走了一段，就登上左边的小山坡，曲曲折折、走走停停；翻过小山包后，大家放眼仔细寻找，终于在远方隐隐约约地看到了那块有名的摩崖石刻“师弟解元”。

由于前面还有深沟阻拦，沟里长满了荆棘和带刺杂草，大家小

师弟解元

心翼翼地拨开枝叶，穿过草丛，来到石刻前面。只见这块高约 3 米的三角形巨石，上部从左至右刻着 4 个大字“师弟解元”，下部正文用楷书分 4 列刻着：“柯挺万历癸酉顺天解元 登庚辰进士授业于此；周起元万历庚子福建解元，登辛丑进士授业于此”。

从石刻中可以读知，东屿村的柯挺和后井村的周起元少年时在云塔书院学习成长，功成名就后都曾经回到这里授课、教书育人。他们培育了海沧地区良好的学习风气，才有后世的人才辈出。题写“云门”的林翰文、温厝的温如璋、芦坑村的谢宗泽、石塘村的谢琏，据说年少时都是在此书院刻苦读书，最终都登上进士；作为忠臣、清官，他们都为天下百姓做了不少好事，因此美名代代流传。

读完碑文，调查组继续寻找书院遗址，在摩崖石刻对面的小山坡上，隔着深沟，一片浓密树林的掩映之中，大家看见了一面残墙，应该是这里了。照样是小心翼翼翻过深沟，照样是蹑手蹑脚拨开荆棘草丛，调查组来到一座规模不小的缺少屋顶的土房子跟前，这就是传说中的云塔书院了。

云塔书院的整个建筑比原先想象中的要大一些，保存得更好一些。一排 3 个房间，当中一间是厅堂，进入厅堂，可以看到左右两侧是厢房的小门，3 个房间的面积都有十七八平方米；虽然屋顶都已不见，但是前后左右几堵用四合土夯筑的墙体依然矗立；向阳的房间没了屋顶，阳光可以直射入屋，照耀着房间里的藤蔓和杂草，还有几棵碗口粗的大树长得郁郁葱葱，颇有生机。厅堂大门的右侧门柱斜倚在左侧门柱上，挡住了进屋的道路，像是在提示人们：屋内没人，非诚勿扰。屋外右侧有石块砌成的护坡，这里应该是屋前的院子——一块可以供学子们下课后活动的场所。可以想象白天学子们坐在厅堂的课桌前认真听课，晚上回到右边的寝室休息，教授们则在左边的厢房备课，日复一日，年复一年，多少学有所长的少年从这里走出去，又有多少事业有成的教授回到这里。

调查组希望有一天这个遗址能得到相关部门的保护，把屋前屋后屋里屋外的杂草、杂树全部清理干净，再在遗址上方盖个大棚，

书院厅堂和右厢房

云塔寺外景

让它不再受风雨侵蚀，不再被岁月湮没；同时，上山的道路能修得更好，让那些想要通过学习改变命运的当代学子，有空时就来到这里，来到先辈们苦学成才的地方，来寻找一些成功学习的灵感，来沾沾“学而优则仕”的灵气；而那些旅游的人群，也可以把这里作为一个旅游景点，看看海沧山林的美丽风光，了解海沧源远流长的文化。

离开书院遗址，调查组沿原路回到停车的地方。这地方是个岔路口，顺着机车路右拐两百米，就看到前方一片古木苍天的小树林，30 多级的石阶把调查组引到了树林中的一座古庙跟前。大凉棚下悬挂着的庙名牌匾“云塔寺”特别醒目，两三个香客正在大殿里上香，几缕青烟随着录音机里的佛教音乐轻轻回绕，真让人有一番身处仙境的感觉。

据介绍，云塔寺初建于宋代，历史上曾经辉煌过。清朝初年，官府为断绝本地民众与海外的来往，在沿海一带实行“靖边播迁”政策，所有百姓内迁数十千米，这里的民宅、宫庙全部被官兵一夜烧光，云塔寺也不能幸免。后来，云塔寺虽经过多次重修，却再也无法恢复当年的盛况了。但是，云塔寺作为海沧及三都一带佛教民众的信仰中心，大家对本寺供奉的神灵非常虔诚，三宝佛、观世音菩萨等神灵一直保佑着附近的乡民。

云塔寺大殿佛龛里安放的三宝佛前面，还供奉着一尊难得一见的玉雕菩萨。这尊 1.5 米高的玉佛坐像慈眉善目，双耳垂肩，神情安详，神态俊朗，十指相对，盘膝而坐。据说，这玉佛是当年的老住持从国外请回来的。温厝村有一个关于玉佛化解危难的故事至今还在乡间流传：20 世纪 90 年代初，民间信仰逐渐恢复，有几位村民到山上砍伐一株香樟树要带回村里请人雕刻神像。但在砍树的时候，不知哪里出了差错，这棵大樟树越来越向云塔寺倾斜，眼看大树就要砸破大殿屋顶，众人连连惊呼。忽然，倒下的大树转了个方向，顺着后殿的墙壁倒在了后院。大家这才长长出了一口气，安下心来。大家来到大殿后，却发现平时慈眉善目的玉佛，怎么满头湿透，一粒粒豆大的水珠不断滴落？恍然间，众人明白了，是菩萨在用法力让大树改变了倾倒的方向，这满头的水珠是菩萨使劲时流出来的汗珠。大家赶忙跪在神像跟前连连磕头，拜谢菩萨相助之恩。从此，山下百姓更加尊崇云塔寺的神灵了。

从云塔书院到云塔寺直线距离不过几百米，如果没有那路上的沟壑和杂草树丛，两地之间的走路时间几分钟也就够了。可以想象，那时学子们的读书声和朝圣者虔诚的诵经声合在一起在山林间飘荡；课余闲暇，教授带着少年在寺庙前后的廊前树下吟诗作赋，谈今论古，真是一幅动人的山林读书图。

调查组依依不舍地告别了书院和佛寺，在开车下山的路上，一台钩机正在修复被雨水冲坏的山路，几个提着香包的妇女还在艰难地徒步上山。以后这里如果有一条不怕雨水冲刷的水泥路通到山上

玉佛雕像

的佛寺和书院遗址，那么不论雨天晴天，众人都可以很方便地到山上朝圣、游玩、参观、学习了。

据温炳杰老人的父亲留下的笔记本中记载，柯历台、颜尚书、温察院、周君文、谢探花曾就读于云塔书院。

第二节　慈济北宫

千年守望：温厝人的骄傲

慈济北宫位于温厝村宁坑社、马垅社、长园社之间的一座小山上，是始建于南宋绍兴二十七年（1157 年）、供奉保生大帝吴夲和孙思邈真人、许慎真人的一座庙宇，与青礁慈济东宫、白礁慈济西宫、后山尾慈济南宫四个宫庙统称“闽南慈济宫群”，已有 800 余年的历史。

现在的慈济北宫是 1994 年 6 月开始动工兴建的，1995 年完成中殿建设，2002 年建成后殿，2006 年前殿建成后，整个宫庙基本成型。2012 年，海沧区政府将庙宇周边 2 万平方米土地整修建成美丽的慈济北宫花园，山门、殿前广场、停车场、休闲步道、绿化带一应俱全，这里已经成了当地民众朝圣、旅游、休闲的好地方。

慈济北宫是温厝村最重要的一座庙宇，是村里几个社祀奉保生大帝宫庙的祖宫。除了每年正月他们会抬着自己庙里面的神灵来到这里谒祖进香，平日里，许多信众还会每月定时来此祭拜，祈求保生大帝和庙里诸多神灵保佑平安与健康。而外地的民众和海外的保生大帝信众们更是经常到此祀奉、交流。

每年的元宵节是慈济北宫一年中最热闹的日子。正月十五，温厝社泰安宫、威福宫来此进香；正月十六，宁坑社龙津宫来此进香。这种习俗是村民们的祖辈留下来的，但是自从当年日寇飞机炸毁了宫庙之后，这里多年荒废，民众无力重建。后来，这里又被开垦为农地，各种祭祀活动中断了几十年。

慈济北宫前殿外景

改革开放以后，民间信仰开始得到恢复。1987 年开始，温厝社的泰安宫、威福宫陆续重建；1993 年的正月十五，泰安宫供奉的保生大帝第一次进香出游，村民们抬着神像轿辇来到慈济北宫旧址附近，在草丛中摆上一张供桌祭拜神灵。此举触发了众人重修慈济北宫的热情。1994 年，成立了以程乌为理事长的慈济北宫理事会，正式开始重修北宫。1995 年，慈济北宫中殿建成，三真人神像安放就绪，从此一年一度的谒祖进香活动延续至今。

慈济北宫的建设资金完全依靠信众和热心人士捐献。中殿建成后，中殿屋顶半圆球形的内壳因为缺少资金一直无法完成装修。在温厝社区主任程水平和他大哥程水杰的发起下，各位乡贤踊跃捐款，于 2011 年建成了美观大方、装修难度极高的“蜘蛛结网”形屋顶，为庄严的慈济北宫增添了璀璨的艺术光彩。

随着村民们生活水平逐渐提高，人们对村里的各种祭祀活动越来越重视。最近几年，谒祖进香活动的规格也越来越高，参加的民众成千上万，聘请的舞龙、舞狮、腰鼓、军鼓、民乐和西乐等各种

重建前殿碑记

中殿屋顶上的“蜘蛛结网”

演出团体（俗称“香阵”）足有近百个。温厝村还拥有自己的蜈蚣阁，村里的小孩打扮成帝王将相、才子佳人的形象坐在蜈蚣阁上，随着进香队伍沿着大路游行，绵延几千米。大家来到慈济北宫，祭拜大帝，焚香进香，整个仪式庄重虔诚。宫前广场龙飞狮舞，锣鼓喧天，热闹异常。

数年前，北宫四周还是一片荒山，各地来此进香的人们得不到很好的休息，缺少吸引各界人士来此观瞻的条件。程水平主任多次出面向海沧区政府领导提出要求，建议在这里建设一个北宫公园，完善北宫的整体规划。这一提议引起了区领导的重视。2010 年，由时任海沧台商投资区管理委员会副书记林世彝为负责人的北宫公园项目正式启动，政府拨出北宫周边用地两万平方米。目前，建设绿化带、山门、殿前广场、戏台、停车场、放生池等设施。建设已于 2014 年 12 月全面完工。北宫花园建成后，已成为朝拜保生大帝三真人、旅游景点、休闲胜地、身体锻炼的美丽公园。

泰安宫理事们祭拜保生大帝

温厝大鼓娘伞队在北宫广场表演

龙津宫进香前的冲辇场面

温厝村蜈蚣阁游行在村道上

慈济北宫

温厝慈济北宫宫史

温厝慈济北宫是保生大帝的四大祖宫之一，供奉吴真人、孙真人、许真人。

慈济北宫的特别之处是宫庙内供奉的是“三真人”，在慈济四大祖宫中只有北宫供奉的是三真人。

吴真人，姓吴名夲，字华基，号云冲，同安白礁人氏，生于北宋太平兴国四年（979 年），自幼好学，四处云游，求师学医。17 岁时从师学道，精通医术药理。一生不纳妾、不受荤，以能为民众解除病痛为己志，对于登门求医的病人，不分贫富贵贱，悉为视疗，远近咸以为神。1036 年农历五月初二，吴真人上文圃山采药，不幸坠崖仙逝，享年 58 岁。后人感其高超医德，雕像奉祀。累世承宋、

慈济北宫中殿外景

明历代帝王追封为大道真人、英惠侯、正佑公、妙道真君、保生大帝等称号。

孙思邈真人，唐朝京兆华原（今陕西耀州区）人氏，生于581年，仙逝于682年，享年101岁，为古今医德医术堪称一流的名家，尤其对医德的强调，为后世习医、业医者传为佳话，著述了《千金要方》和《千金翼方》。孙思邈医学贡献突出，首先是对张仲景《伤寒杂病论》研究深刻，尤其是对广义伤寒增加了更具体的内容。其次，他创立了从方、证、治三方面研究《伤寒杂病论》的方法，开后世以方类证的先河。最后，他医德思想突出，是中国医德思想的创始人，被西方称之为“医学论先父”，唐太宗赞其“凿开径路，名魁大医。羽翼三圣，调和四时。降龙伏虎，拯衰救危。巍巍堂堂，百代之师，”成为历代医家和百姓尊崇倍至的伟大人物，被尊为“药王”。

孙真人，姓孙名逊，字敬之。江西南昌人氏，生于东吴赤乌二年（239年）。逝于东晋孝武宁康二年（374年）享年135岁，自幼好学、赋性聪颖、博通经史、天文、地理、医学、阴阳五行学说，

现任北宫理事会成员

尤其爱好道家修炼法术。20 岁举孝廉，任旌阳县令，居官清廉，政绩显著。时瘟疫流行，孙逊便利用自己所学医术药方救治，药到病除，人们感激涕零，敬其如父母。邻县民众纷纷前来归附，旌阳人户大增。后感晋室纷乱，橐官行医，治病教人，为东晋净明道派尊奉的祖师。孙真人尊礼义，倡仁孝，留下了许多警世真言，后人感其恩德，雕像奉祀，宋代帝王追封为“神功妙应真人”。

慈济北宫命运坎坷，沧桑变化，三落四起，见证了自南宋以来的一个个朝代的兴衰更替。1661 年，郑成功为收复中国台湾，在厦门一带练兵造船。因当时运输困难，木材紧缺，郑成功往慈济宫朝拜，“卜杯得许”拆了南宫、北宫的木料，并许愿复台之后必定“重建庙宇，再塑金身。”奈台湾收复后，国情剧变，由明而清，顺治辛丑年（1661 年），为断绝沿海乡民与郑氏往来，实行靖边播迁政策，强迫福建沿海乡民内迁并烧毁宫庙、民房。因此，郑成功虽已收复台湾，却难以达到复建慈济北宫的心愿。

康熙时期，施琅收复台湾，内迁的乡民得以返回故乡，重整家园。1686年，附近乡民自动筹资重修北宫。现在北宫还保存着清代重修时留下的碑记。

在晚清的衰败中，北宫也逐渐破败。民国时期，军阀混战，百姓更是无力修葺宫殿。日寇入侵，慈济北宫被日机炸成废墟仅剩下遗址和遗物。

1958年，大兴农业，北宫遗址被平整为农地，原来的遗物也散落在附近村庄，木材拿去建猪牛舍、搭桥甚至烧火，仅剩“道光五年、道光八年、道光十三年、道光十八年”的重修碑记。

1990年，中国台湾保生大帝庙宇联谊会长周大围先生率台胞进香团到白礁慈济祖宫进香，翻阅《白礁志》，读到关于北宫的记载，特意前往北宫考察遗址，认为北宫为慈济四大祖宫之一，并倡议重建。1994年，温厝等社成立重建北宫理事会，广向海外侨胞及台、港同胞筹募，破土重建慈济北宫。

北宫始建于南宋1157年，现存宫殿重建于1994年，历经12年。2006年，前殿、中殿、后殿三殿整体竣工，占地面积3662平方米。宫貌绚丽，飞檐翘角，雄伟壮观。

重修北宫时，挖掘到一些石构件，如元代典型的多角形石柱，宋代明代的柱础等，都是见证北宫沧桑变化的文物。

除温厝北宫外，附近地区如龙海、平和、晋江等地的慈济信仰中供奉的也有“三真人”。在我国台湾南部、新加坡一带则更是盛行奉祀“三真人”。

北宫香火鼎盛时期是在明朝永乐至万历年间，由于北宫的多次衰落，许多香火遂移往东宫、西宫。目前，北宫基本建成，进香朝圣的香阵逐步增加，有来自本省的晋江、泉州、漳州、龙海、厦门、长泰，来自我国台湾的台北、台中、台南高雄、嘉義、彰化、屏东、大保等地宫庙及企业公司，以及海外的新加坡、马来西亚进香团、香客，还有美国、日本的华侨。

每逢迎香日，舞龙舞狮、蜈蚣阁花棚、中西乐队腰鼓、梁伞、舞蹈、宋江阵等，场面壮观绚美、热闹非凡。

三真人真灵的传说

传说慈济北宫的三真人非常灵验，这在北宫附近的村庄信众中已广传为佳话。

家住温厝社的温牡丹女士，80多岁高龄了，身体还是很硬朗，耳聪眼明，甚至还能爬树摘水果。据她反映，在北宫尚未重建之前，如果天气晴好，每到傍晚时分，经常可以看到在北宫原址的小山顶的上空，有三盏红色火球升起降落。至北宫重建之后，就再也没有看见过。

宁坑社林永昌的夫人薛网纳，生病10多年，浑身乏力。1993年，有一天夜里，大道公托梦给她要她丈夫出面建设北宫（当时北宫旧址已被垦为农地），永昌诚信，多方托求乡里父老组织建设北宫。后来，他找到程乌，由程乌出面组织筹建。1994年，北宫中殿建成。网纳的病也逐步愈好。她现年80多岁，精神矍铄，经常到北宫来祭拜上香。

原住马垅社刘素琼女士，70多岁，夫家在市区美仁宫，有一次到北宫来祭拜上香，程乌与其打招呼："很久没见面了，今天什么风把你吹来了。"她说原染上一种不知什么病，面黄肌瘦，四处延医求治，不见愈。有一天午睡，梦见三个老人，拿出一种黑色丸药，要她服下，她一看，状如羊屎，不吃。老人劝她服下说对治病有效，她勉强吞下，几日后，病情消失了。她将此事告知其嫂，其嫂说，三位老人是三真人显圣，帮她治病。她很信服，今天特地来北宫祭拜，乞香火添油。

众人拾柴火焰高——记鼎力扶持重建北宫的社舍大德、贤达

周大围先生 1994年重建慈济北宫的领头人。1991年，中国台湾保生大帝庙宇联谊会会长周大围先生，率台胞进香团到白礁慈济祖宫进香，阅读《白礁志略》宫庙篇云："新建宫凡四，曰南、东、北、西……北宫建于绍兴二十七年（1157年）"，之后到北宫遗址考察，在附近村庄拍摄遗物，倡议对北宫、南宫应重建，以求闽南四大慈济宫宫群完整。当时，北宫遗址已被垦为农地。1991年9月，市文管办、博物馆、文史办、集美区文化局、海沧文化站先后来北宫遗址调查，取得第一手资料。证实北宫遗址和始建年代。

赖换樟先生 扶持重建北宫的热心人。继周大围先生之后，1997年，台中市元保宫董事长、联谊会长赖换樟先生率台北、台中、嘉義、大保、台南、彰化等地20多座保生大帝宫庙的主事、大德、贤达，莅临北宫进香。1998年亲自参加筹建慈济北宫研讨会，并在会上建言献策。

程乌先生 他不辞劳苦，一颗诚心为重建。北宫重建，从一片空地至有今日富丽堂皇，可与其他宫庙媲美，初具朝圣旅游胜地规模，离不开竭精尽力的程乌先生。有人说："没有程乌，就没有北宫的今日盛况。"这话一点不假。重建工作千头万绪，未理顺时，时而发生纠纷。工匠员工讨薪，有时须由他垫付。人来客往，费用伙食经常自掏腰包；外出联络、交往办事、车船费、误餐费等大多由他个人负责。从1994年至今，数十年如一日，他从没拿过一分钱津贴。

廖武治先生 远隔重洋对北宫重建关心备至的中国台湾保生大帝信仰总会会长。多次率领总会所属庙宇主委、执事、贤达、大德、善信光临北宫叩拜三真人，并于2007年赠送"泽被众生"的九龙匾，被聘为北宫名誉董事长。

程水杰先生 艰苦卓绝、创业有成，享有盛誉的贤达、大德，热心慈善慈济事业。2005 年，北宫打算建前殿，以期三大殿完整。理事会正全力寻找门路，筹集资金。在这关键时刻，程水杰先生毅然献出 50 万元人民币，初步解决前殿建设的后顾之忧。后来，当资金再次不能周转时，程水杰先生又陆续捐献 26 万元人民币，总共 76 万元。同时,他利用自身的影响力,发动公司员工及亲朋好友支持，2006 年建成前殿，北宫三大殿得以成形。

江金课女士 耄耋老人，退休教师，为保生大帝东、西、南、北四大宫宫群的完整，不辞劳苦，奔走呼喊。她先后与政府部门有关领导，有关人员联系沟通，与中国台湾保生大帝宫庙负责人联络。积极地为东宫、北宫的重建提供帮助。虽然年迈体弱，行动不便，但她还时刻记挂着南宫尚未建起来，可以说为慈济文化的发扬光大鞠躬尽瘁。

出于统战、宗教和旅游业的综合考量，区政府对北宫的重建非常重视和支持，多位区政府的领导都多次光临北宫视察指导工作，帮助北宫解决很多难题，是北宫重建的坚强后盾和强大的推力。

慈济北宫理事会

自 1994 年，在周边信众的强烈要求和鼓励下，筹建北宫工作开始启动，组织发动周边里比较有威望的老一辈信众组成筹建慈济北宫理事会。理事会成员都是 60 岁以上的老人。但是，筹建工作是在“三白”的情况下开始的：白地，在北宫原址只有一片空地；白手，筹建时没有一元钱资金；白作，理事会成员一概没有报酬。理事长程乌带头，发动各成员自愿捐献三五百元，作为筹备工作的“米母”。在这种情况下，有的人当场退出，有的过后提出体弱多病无法参加，有的干脆请长期假。好在相当多的善男善女们，获悉要筹建慈济北宫，有的捐献一两百元，有的三五百元。也有人表示不信任，说："未吃饭时讨论建庵，吃饱后准备分杉。"筹建工作困难层层，压力重重。

也许是应保生大帝神灵感召所至，在艰难的当口，我国台湾商人林德胜先生巧临温厝。得知此事后，他慷慨解囊，当场捐献人民币 12 万元，解了燃眉之急。再经多方努力，中殿首先建成，三真人金身安位，前来参拜添油的香客也逐渐多了起来。

理事会在每个添油箱都设有三门锁，开箱时须掌匙三人全部到位方能打开，打开后点钞入账。北宫将添油及社舍贤达大德捐献的每一元钱都用于北宫的建设及必需品的添置。外出办事、联络事宜的费用都由理事成员自出，这当中程理事长承担了大部分。

财会人员温亚港、林文灿在财务上做到了月结年清，账目清楚。林朝成、温宗宽、温本善经常担承宫内各项事务；林国兴经常为宫内安装维修电路电器，有时还免费赠送电器、电线。邱继德、苏金成经常用私家车满足北宫载人送客的需要。总之，现在的北宫理事会成员，协力同心不计报酬的为北宫的兴起，为慈济事业的发扬光大，不遗余力。

明日寄语

温厝慈济北宫重建已历时多年了，现在前殿、中殿、后殿三大殿已建成，两边的厢房也已建好。海沧区政府对北宫的建设非常重视。

慈济北宫

简介

厦门海沧温厝慈济北宫始建于南宋绍兴二十七年（1157 年），

迄今已有 800 多年的历史了。比白礁慈济宫晚八年，比青礁慈济东宫晚 7 年。主殿供奉吴夲真人、孙思邈真人、许慎真人。三位真人，俗称大道公。后殿供奉三宝佛祖、妈祖天后及诸多神明。

慈济北宫几经风雨，多次兴替：明永历年间，郑成功为制造战船，借拆北宫部分木材，并许愿得胜后要回来重建。但台湾收复后，国情剧变，由明而清。1661 年，清王朝为断绝沿海乡民与郑成功的联系，强迫沿海乡民内迁（时称靖边播迁）、并将北宫焚毁。1683 年施琅打败郑克爽后，乡民返回家园，于康熙二十五年（1686 年）重建北宫。后于雍正七年（1729 年）、道光八年（1828 年）、道光十三年（1833 年）、道光十八年（1838 年）多次修葺装饰（以上有残存的碑记为证）。从光绪至宣统，世衰民穷，物久日蔽而无力修葺。

抗日戟争初期，残破的宫宇又被日机炸毁。1958 年，北宫遗地被垦为农地，龙柱、石碑、石狮一一散落附近村庄。

1990 年，我国台湾保生大帝庙宇联谊会会长周大围先生到白礁宫进香，阅读《白礁志略》后，亲自到北宫遗址考察，拍照遗物。并倡议，慈济北宫乃闽南慈济四大祖宫之一，应着手重建。

我国台湾屏东林德胜先生当场捐款人民币壹拾贰万元。之后，市文管办、博物馆、郑成功纪念馆、集美区文化局海沧镇文化站偕来北宫遗址考察，证实该处确为北宫遗址无疑。

1994 年，成立重建慈济北宫理事会，蒙港澳台胞及本地乡民热心捐助，于当年六月动工兴建。1995 年中殿竣工。2002 年后殿完成。2006 年前殿建成。坐北向南，东至供电所围墙边，南至角嵩路边，西至南海一路边园地，北至温厝村农地。宫殿式，土木结构。部分遗物龙柱碑记、蝙蝠柱雕刻保留在北宫里面。

历史

慈济北宫位于原龙溪县靖海管辖内的海沧三都温厝徐坑社之

北，乃闽南四大宫之一，据《白礁志·宫庙篇》记载："新建宫凡四曰南东北西，白礁向南称南宫，白礁往东的青礁院前向东称东宫，白礁经海沧到徐坑向北称北宫，白礁五里到后山尾向西称西宫"，又云："白礁宫建于绍兴二十年（1150年），青礁东宫建于绍兴二十一年（1151年），北宫建于绍兴二十七年（1157年），后山尾西宫建于绍兴二十八年（1158年）"，闽南四大宫于1162年建完。

南宋乾道孝宗丙戌（1165年）下诏钦赐保生大帝为慈济，供奉保生大帝吴真人的闽南四大宫才得慈济宫的全称，即白礁慈济宫、青礁慈济东宫、温厝慈济北宫，后山尾慈济西宫。

清康熙二十二年（1683年），台湾统一于清王朝版图，靖边结束，内迁乡民返回故里，重整家园，至康熙二十五年（1686年），由温厝、赤石、宁坑、徐坑、南山、东都尾（现徐坑、南山、东都尾已废）长园、萧坑、马垅等社士民再自动筹资重建慈济北宫，虽未恢复旧貌但亦妥安神灵。

至雍正六年（1728年）进行重修，道光八年（1828年）、道光十三年（1833年）、道光十八年（1838年）三次重修，奈人以时而代迁，物以久而日蔽，从光绪到宣统，日久失修，风雨飘摇，宫宇颓废，贪官污吏，民生凋敝，已无力再修葺殿宇。民国初期，袁世凯称帝卖国，政局迅速走上军阀割据、混战，把中国搞得四分五裂，人们在饿寒中挣扎，焉有余力再修葺宫殿，抗日期间仅存后殿半壁，又被日寇飞机炸平，从此，慈济北宫只剩遗址及一些遗物。

1958年后，北宫遗址又被垦为农田，种上花生地瓜之类的作物，石碑盖猪舍，龙柱被大队用做抽水机站的支柱，现为骨灰室支柱，各种石刻具散放于长园、宁坑社内，石狮被盗散失。

慈济北宫的兴起于衰落共历757年，从1157年到1914年，慈济北宫香火最鼎盛时是明成宗十五年（1412年）后至明永历5年前（1651年），时有现龙海市步文镇的梧桥、塘边、午路、西坑、金地头、乌石、景山、埔山、埔尾、漳宾、浦口、后店、樟山、龙头社 14 个自然社每年都来谒祖进香，还有龙海市港尾镇的白沙、格林、沙壇、考后、海门等地的香阵等。清代时期，康熙二十八年（1689 年）至建同治初期，渐渐衰落。

1990 年 9 月，由厦门市文管办、市博物馆、郑成功纪念馆、市化史办等考古人员，还有集美区文化局，海沧文化站，均来北宫调查，得第一手资料——道光十三年（1833 年）重修碑文，证实慈济北宫确实建于宋代。

随着改革开放大好形势，有周大围先生的倡议，市文管办等单位的调查，有力地鼓舞温厝广大村民和热心公益事业的人士，对弘扬民族文化遗产，纪念古代名医吴真人的高尚医德，恢复文物古迹，有强烈的要求和信心，于是 1994 年，温厝等社成立重建慈济北宫理事会，发出宣传筹募，如击雷响，四方应，台湾同胞先后三批数十人捐款，以及本地区各界善男信女热心公益事业人士奉献共近百万元人民币。于 1994 年 6 月破土开建，至 1996 年 5 月慈济北宫中殿建成。

此中殿，高 13.8 米，实用地 306 平方米，飞檐翘角，屋面铺琉璃瓦，整个屋顶中脊有塔灯，一支双狮戏塔，屋脊有两条回头龙，四周有龙四条，并尾四条，门前顶端有双狮把守，屋顶四周都雕有花草、戏剧图案等的玻璃整封图，可说是壮观，内供奉保生大帝吴真人、孙真人（唐代名医）、许真人（晋代名医）并有三址六官将。

承蒙海外侨胞、台、港同胞鼎力相助，热心乡民自筹资金。后殿于 2002 年落成，前殿于 2006 年竣工，左厢房于 1998 年建成，右厢房目前正在筹建中。

交流

1990 年 6 月，中国台湾保生大帝庙宇联谊会会长周大围率团，莅临北宫旧址考察，并呼吁重建慈济北宫。中国台湾屏东林德胜先生当场捐款 12 万元人民币建中殿。随后先后到北宫进香朝圣的有台湾屏东万灵宫、高雄路丝乡武安宫、台湾彰化县国际企业公司。由大统领涂清来先生领团；彰化县大城乡咸安宫董事长刘一雄先生领团、彰化县二林镇普天宫、台北县淡水保生宫、台中市元保宫董事长联谊会会长赖换樟率领的进香团、台北市北区保济宫、台北市保安宫、嘉义市保安宫、嘉义市震安宫、嘉义市延平街、大保市徐州街、大保市新营路、大保市民族路、台南市金胜宫、台南仁爱路、台南和美镇保安宫、彰化县二林镇万兴保安宫、台南大寮玄良亭、台南学甲乡团委会、台南南清宫、彰化县和美镇正天宫、台南县凰安宫、台南县后壁乡显济宫、台中县龙井镇进香团；台中县薪营市；台南县东山乡、台南县学甲镇白礁宫（由保生大帝庙宇联谊会会长周尚贤先生领团先后来两次）；台湾记者陈炎正先生率领的进香团；保生大帝庙宇联谊会会长廖武治先生率各庙宇董事长、理事长于 2006 年 11 月 12 日、2007 年 4 月 18 日、2007 年 7 月 29 日三次到北宫朝圣参拜，并于 2007 年 7 月 29 日赠送“泽被众生”九龙匾。

香港宝泉庵、广东惠州市进香团、江西香客队、长泰县香客队、平和县东明宫、晋江宝泉庵、晋江深沪金兴社进香团并赠送“慈济北宫”门额匾；深沪镇吴锡乾先生率领进香团；漳州天宝玉尊宫、漳州梧桥香客队、漳州市区香客队、莆田天顺宫、晋江陈埭四境香客队、厦门保生大帝各庙宇；海外有新加坡华侨李元玲率领的进香团；马来西亚槟城洲华侨温子开率领的进香团；香客还有来自美国、日本、新加坡等地。

每年农历正月十五为龙塘社迎香日，正月十六为龙津社迎香日，三月十五日吴真人生日，五月初二吴真人羽化纪念日都举行活动，迎香日舞龙舞狮、蜈蚣阁、花阁、中西乐队、腰鼓。

第三节　温厝村第三次全国文物普查不可移动文物登记

垂裕堂（温厝温氏家庙）

垂裕堂位于海沧区温厝社区温厝社，它坐西北朝东南，由前殿、后殿组成。前殿为假叠顶双燕尾脊，面阔3间2柱，进深1间石柱，门前有门廊。后殿单条燕尾脊，面阔3间石柱，进深3间柱。前后殿均抬梁式构架，悬山顶。前后殿间为天井，天井两侧为廊道。它的石雕相当精美，如前殿的正立面墙体为花岗岩条石砌筑，墙上有镂空透雕螭龙的方形石窗、麒麟等石雕。此庙始建年代无考，明清时期多有重修，2003年重修。

温顺海宅

温顺海宅位于厦门市海沧区温厝村温厝社167号。该宅为前后两进加右护厝的闽南台湾型传统建筑，坐西北朝东南。始建年代无考，约建于清中期。前后两进主体建筑均为单条燕尾脊，硬山顶，面阔3间，进深2间。第一进为抬梁式构架，第二进梁架于墙体上。右护厝也为单条燕尾脊，硬山顶。它的装饰简单，格扇上有少量木雕，主要为云纹等，山墙外有灰塑。这对研究闽南台湾型传统建筑的类型和发展有一定的价值。

温保列宅

温保列宅位于厦门市海沧区温厝村温厝社。该宅原为前后两进加左右护厝和厢房组成的闽南台湾型传统建筑，坐西北朝东南。建于清代。第一进主体建筑为假叠顶双燕尾脊，硬山顶，面阔 3 间，进深 2 间。天井及左右厢房，平脊，面阔、进深均一间。第二进在抗战时被日军炮火炸毁。它的外侧分别为左右护厝，平脊，马鞍形山墙，面阔 6 间，进深 1 间。所有梁架于墙体上。它的水车堵有山水房屋、人物、虾、金鱼、花卉等彩画装饰。格扇上有少量木雕，山墙上有灰塑。这对研究闽南台湾型传统建筑的类型和发展有一定的价值。

温保列曾去马来西亚做生意。

温保列宅

温明安宅

温明安宅位于厦门市海沧区温厝村温厝社。该宅为主体建筑加左右厢房和左右护厝、围墙组成的闽南台湾型传统建筑，略坐东朝西，院前有一池塘。它建于清代，主体建筑为单条燕尾脊，悬山顶，面阔 3 间，进深 2 间，夯土墙体。左右护厝、厢房均平脊，马鞍形山墙，硬山顶。前者面阔 6 间，进深 1 间，后者面阔、进深均 1 间。宅原来外边左右侧还有相对称的外护厝各 1 列，早年已倒被拆。所有建筑均所有梁架于墙体上。它的装饰较为简单，屏风和门上有少量花卉木雕，但它对研究闽南台湾型传统建筑的类型和发展有一定的价值。

温明安及其后代曾去印度尼西亚做生意。

善述堂（温厝温氏家庙）

善述堂位于厦门市海沧区温厝村温厝社。此堂为温厝温氏的家庙，为清代前后两进的闽南台湾型传统建筑。前殿为假叠顶双燕尾脊，面阔 3 间 2 柱，进深 1 间 1 柱。后殿为单条燕尾脊，面阔 3 间 2 柱，进深 2 间 3 柱。前后殿均抬梁式构架，悬山顶。中间为天井，左右为回廊。该庙始建于明代，清道光年间，2003 年重修。它的石木雕刻十分精美，石雕主要有透雕窗上的螭龙纹，柱础上的如意纹、花草纹等，木雕有花草、螭龙等，屋脊有十分精美的剪贴。

祖上有“巡按察院”“父子御史”两牌匾。

温忠如宅

温忠如宅位于厦门市海沧区温厝村温厝社。该宅为主体建筑加左右厢房和左护厝、围墙组成的闽南台湾型传统建筑，坐东北朝西南，院前有一池塘。主体建筑为单条燕尾脊，面阔 3 间，进深 2 间，左右厢房为单条燕尾脊相叠，再叠马鞍形顶，面阔 3 间，进深 1 间，所有建筑均是硬山顶。左外侧还有左护厝一列，平脊，马鞍形山墙。所有建筑均所有梁架于墙体上。它的屏风和门上有花卉、“卍”字纹木雕，此宅的形制较有特色，对研究闽南台湾型传统建筑的类型和发展有一定的价值。

温石头宅

温石头宅位于厦门市海沧区温厝村温厝社。该宅原由前后两进主体建筑、中间天井和左右两厢、左右护厝组成的闽南台湾型传统建筑，坐西南朝东北。它的右护厝今已不存。第一进为假叠顶双燕尾脊，第二进为单条燕尾脊，两者均面阔 3 间，进深 2 间。左右厢房平脊，面阔、进深各 1 间。左护厝单条燕尾脊，面阔 6 间，进深

温石头宅

1 间。所有建筑均是硬山顶，所有梁均架于墙体上。它有十分精美的木雕和彩绘，木雕主要有花卉、“卍”字纹，螭龙等，彩绘主要是几何纹，有较高的艺术价值。

永渊宫

永渊宫位于厦门市海沧区温厝村温厝社。它又称“仙祖庙”，为一座只有 1 间房的宫庙，单条燕尾脊，硬山顶，坐东北朝西南，它的正立面大门两侧开有四个圆形窗，檐廊两侧墙上有青龙、白虎堆塑。墙体下部用花岗岩条石砌筑。此宫奉祀八仙。它的始建年代无考，清道光年间、1997 年重修。结构基本完好，庙中香炉刻有“道光甲申年”。

温厝温氏祖墓

温厝温氏祖墓位于海沧区海沧街道温厝村过田角。坐东北朝西南。墓葬封土堆略呈椭圆形，长径 270 厘米，短径 240 厘米，高 95 厘米。封土堆前端立有半圆形花岗岩石碑一方。温氏祖墓保存基本完好。

温阿铅宅

温阿铅宅位于海沧区海沧街道温厝村，坐东北朝西南。它由第一进、第二进主体建筑组成，均为单条燕尾脊。第一进面阔 3 间，进深 1 间，天井左右厢房各 1 间，平脊。此宅有少量的石雕和木雕以及绘画。

原来的左右护厝已于 20 世纪 60 年代倒塌，现今一些墙体也出现外墙皮脱落现象。

邱武海宅

邱武海宅位于海沧区温厝村温厝社，由前后两进主体建筑、左右护厝构成。它坐西南朝东北。第一进假叠顶单条燕尾脊，面阔 3 间，进深 1 间，第一进为砖墙与抬梁式相结合的构架。第二进面阔 3 间，进深 2 间，为梁架于山墙上。中间为假叠顶单条燕尾脊，左右两侧与左右护厝均平脊，马鞍形山墙。两侧护厝均面阔 6 间，进深 1 间。此宅木雕十分精美，主要有花鸟、螭龙、花形格栅、钱纹、几何纹等。

邱武海宅保存较好，木雕精美。

邱武海宅

温石磨宅

温石磨宅位于海沧区温厝村温厝社，由前后两进主体建筑、左右护厝构成。它坐西南朝东北。第一进是假叠顶双燕尾脊，面阔3间，进深1间。第二进是单条燕尾脊，面阔3间，进深2间。左右护厝平脊，马鞍形山墙，面阔6间，进深1间。此宅木雕主要有狮子、花鸟、花形格栅等，并有少量彩画。建筑保存较好。

温俊炉宅

温俊炉宅位于海沧区温厝村温厝社区，坐西南朝东北，由前后两进主体建筑、左护厝、外护龙构成。第一进单条燕尾脊，面阔3间，进深2间。第二进是单条燕尾脊，面阔3间，进深2间。外护龙为后期所建，面阔3间，进深1间，旁有一敌楼已被拆。此外，右护厝、右外护龙早年也被拆。此宅装饰简朴，大门门额上有门当。祖辈到印尼经商，种橡胶。建筑残破。

苏该宅

苏该宅位于海沧区温厝村山后社，由前后两进主体建筑、左右厢房构成。第一进屋顶两侧是歇山顶，中间为平脊，抬梁式构架，面阔3间，进深1间。第二进是单条燕尾脊，面阔3间，进深2间。此宅由少量木雕、彩绘“卍”字纹彩绘装饰。它的形制十分独特。厢房与第一进两侧屋顶相连，也就是房屋两侧为各一条燕尾脊。苏该早年曾去新加坡做生意。建筑基本完好。

苏该宅

颜桃宅

颜桃宅位于海沧区温厝村石仓社。此宅原由前后两进主体建筑、左右护厝构成。现仅存第一进及右侧厢房。第一进为马鞍形山墙平脊，面阔 3 间，进深 1 间。右侧厢房平脊，1 间。此宅装饰十分精美，不仅有彩色的几何纹图案，灰塑瓶中花，而且有山水及人物故事彩画、精美的木雕。

颜桃宅的结构虽不完整，但装饰精美。

慈济北宫遗址

慈济北宫遗址位于海沧镇温厝村宁坑社农地。1996 年，此遗址上重建慈济北宫，但仍可看到原建筑的一些建筑构件，如龙柱、龙、虎等石雕。它的一对龙柱石雕在“文化大革命”时期被拿去盖仓库用，现保存完好。遗址现存碑记四通，置于宫址西侧，一为道光八年（1828年）《重修北宫碑记》，已残半；另两通为道光十三年（1835年）“慈济北宫碑记”和道光十八年（1838年）“重修北宫碑记”。碑文皆记述北宫修建经过及捐款情况；余一通为《守道施爷惠民德碑》，字迹风化难辨。它的一对石狮在20世纪90年代被盗。宫始建年代不详，内祀保生大帝，道光年间、1996年重建。建筑保存基本完好。

原慈济北宫龙柱

刘水拱宅

刘水拱宅位于海沧区温厝村马垄社，坐西南朝东北。此宅原由前后两进主体建筑、左右护厝构成，现仅存前后两进。第一进为假叠顶燕尾脊，面阔3间，进深2间。第二进是单条燕尾脊，面阔3间，进深2间。此宅木雕十分精美、繁杂，主要有人物故事、花鸟、狮子、凤凰等。除了精美的木雕外，还有剪粘花卉及山水村庄画卷。大门两侧还有几何纹的拼砖。

建筑基本完好，装饰精美。由于自然老化，左右护厝2004年被拆建新房。

刘水拱宅

刘贺宅

刘贺宅位于海沧区温厝村马垄社。略坐南朝北。此宅原由前后两进主体建筑、左右护厝构成。现仅存前后两进及左护厝。第一进为假叠顶燕尾脊。面阔 3 间，进深 2 间。第二进是单条燕尾脊，面阔 3 间，进深 2 间。此宅木雕比较简单，主要是“卍”字纹，几何形花瓣。屋脊上有少量的剪粘花卉。

建筑保存较好，装饰简朴。

刘文宁宅

刘文宁宅位于海沧区温厝村马垄社。此宅原由前后三进主体建筑、左右护厝构成。现存第二进、第三进及左护厝。第二进是单条燕尾脊，面阔 3 间，进深 2 间。第三进后界面阔 5 间，进深 1 间。左护厝为叠顶马鞍形山墙，面阔 3 间，进深 1 间。此宅无木雕，山墙上有几何纹的灰塑装饰。

建筑结构基本完好，装饰简朴。

马垄刘氏家庙

刘氏家庙位于海沧区温厝村马垄社区，此家庙由前后两进主体建筑构成。第一进为假叠顶燕尾脊。面阔 3 间，进深 1 间。第二进是单条燕尾脊，面阔 3 间，进深 2 间。两进均为抬梁式构架。此家庙装饰比较精美，石雕有花卉、凤凰、螭龙纹、蝙蝠等，木雕有花鸟、鳌鱼。屋脊上有花卉剪粘。

建筑保存基本完好。

刘芋员宅

刘芋员宅位于海沧区温厝村马垄社区，此宅原由前后三进主体建筑、左右护厝及后花园构成，三进均为单条燕尾脊。现仅存前后两进，第一进和第二进面阔 3 间，进深 2 间。此宅装饰比较简单，主要有木雕花卉、凤鸟。屋前左侧有一对花岗岩旗杆石。

建筑结构不完整，装饰较简单。

刘芋员宅门前旗杆石

刘亚祝宅

刘亚祝宅位于海沧区温厝村马垄社区，此宅原由前后两进主体建筑、左右护厝构成。现存前后两进及左护厝，两进均面阔 3 间，进深 2 间。左护厝马鞍形山墙平脊，面阔 6 间，进深 1 间。此宅装饰比较精美，主要有木雕狮子、螭龙、钱纹等。它的水车堵原有彩画，现多已经不存。

此宅结构基本完好，装饰精美。

龙津宫

龙津宫位于海沧区温厝村宁坑社区，此庙仅为一座单燕尾脊建筑，面阔 3 间，进深 2 间。供奉蔡妈夫人（妈婆）。庙旁有光绪乙巳年重修龙津宫捐款碑及 1931 年重修龙津宫诸信士捐款碑。此庙的石柱、石香炉、石碑均为原庙之物。原庙始建年代无考，原建地在海边，1931 年迁于今此。

龙津宫保存基本完好

赤石凤山宫

赤石凤山宫位于海沧区温厝村赤石社区，坐南朝北。此庙仅为一座单燕尾脊建筑，面阔 3 间，进深 2 间。抬梁式构架。供奉保生大帝、三宝佛祖、送子观音、猛虎将军、大王公妈。

此建筑保存基本完好。

赤石温氏家庙

赤石温氏家庙位于海沧区温厝村赤石社区，此庙由大门及一座单燕尾脊主体建筑构成，建筑为抬梁式构架，面阔3间，进深3间。石柱、梁架、墙体等等均为原构件。1980年，主体建筑倒塌，1998年翻建。此庙木雕比较精美，主要有花鸟、鳌鱼等。

温氏家庙保存基本完好，木雕精美。

温活水夫妻墓

温活水夫妻墓位于海沧区温厝村赤石西南方向约500米的赤石埔坡上。此墓葬平面呈风字形，由花岗岩条石构筑而成。纵长16.1米，宽13.8米。坟堆呈龟背状，南北长4米，东西宽3.5米，高0.6米。墓葬有精美的石雕，包括莲花纹柱头、侍女等。墓围石

温活水夫妻墓正面

柱上刻有“当年营福地”“龙马鹰图录”等文字。此墓坐东北朝西南，1920年建。温活水曾去马来西亚做生意。

此墓保存基本完好。

赤石魏氏墓

赤石魏氏墓位于海沧区温厝村赤石社正北方向约500米的赤石埔坡上。此墓坐西北朝东南，葬平面呈风字形，由花岗岩条石构筑而成。纵长12.86米，宽9.58米。坟堆呈龟背状，长3.6米，宽3米。墓前有一石供桌，墓围均为花岗岩制成。墓围石柱上刻有“家山玉竟埋”“海国周方返”等文字。

赤石魏氏墓1921年建，保存基本完好。

赤石魏氏墓正面

魏曲眉宅

魏曲眉宅位于海沧区温厝村赤石社区，此宅现由前后两进，左右护厝及右外护龙组成。第一进为假叠顶双燕尾脊，面阔 3 间，进深 2 间。第二进是单条燕尾脊，面阔 3 间，进深 2 间。护厝为马鞍形山墙平脊，面阔 6 间，进深 1 间。此宅装饰十分精美，木雕主要有螭龙纹、狮子、花鸟、“卍”字纹与钱纹等，屋顶有瓦将军。水车堵有灰塑狮子。魏曲眉曾去新加坡经商。

此建筑保存基本完好 。

宁店龙山宫

宁店龙山宫位于海沧区温厝村宁店社区，坐西南朝东北，由前后两进主体建筑组成。第一进为假叠顶双燕尾脊，面阔 3 间，进深 1 间（2 柱）。第二进是单条燕尾脊，面阔 3 间，进深 3 间。两进均为硬山顶，抬梁式构架，供奉保生大帝。此宫庙装饰十分精美，既有精美木雕，如鳌鱼、花鸟、狮子、人物故事等，又有十分出色的石雕，有透雕螭龙纹石窗、双龙戏珠、人物故事、老虎、花鸟等。廊道有卷云龙柱及石麒麟，供奉土地公、三公子、保生大帝。宫内有清同治十年（1871 年）奉宪立碑，光绪十年（1884 年）重修龙山宫碑记，光绪二十四年（1898 年）重修龙潜宗祠及龙山宫碑记题后等碑刻。

此建筑保存基本完好 。

李户宅

李户宅位于海沧区温厝村宁店社区，坐东朝西。由前后两进建筑组成。第一进为单条燕尾脊，面阔 3 间，进深 2 间。第二进为 2

层楼，单条燕尾脊，面阔 3 间，进深 2 间。门额刻有“岩（艳）阳毓秀”。此楼下部为花岗岩条石砌筑墙体，墙高约 6 米，在高 3.3 米以上用砖错缝叠砌。

此建筑保存基本完好 。

树德堂（宁店李氏家庙）

树德堂位于海沧区温厝村宁店社区，坐东南朝西北，由前后两进主体建筑组成。第一进为假叠顶双燕尾脊。面阔 3 间，进深 1 间（2 柱）。第二进是单条燕尾脊，面阔 3 间（2 柱），进深 2 间（3 柱）。两进均为悬山顶，抬梁式构架。此宫庙有透雕螭龙纹石窗，木雕有鳌鱼、花鸟等，还有小幅人物故事彩画。东墙上有木雕文字碑，碑长 28 厘米，宽 25 厘米，主要记录大清咸丰九年翻盖此庙改换瓦木并制订族规 5 条等。

树德堂保存基本完好 。

李妈赛宅

李妈赛宅位于海沧区温厝村宁店社区，略东北朝西南。由前后两进建筑及右护厝组成。第一进为单条燕尾脊，面阔 3 间，进深 2 间。第二进为单条燕尾脊，面阔 3 间，进深 2 间。护厝面阔 6 间，进深 1 间。该宅装饰十分精美，精美木雕，如麒麟带书，鳌鱼、花鸟、狮子、“卍”字纹夹花等。水车堵有博古器物绘画、山水人物等。屋脊有花及奎文剪粘。大门两边有螭龙纹灰塑。

此建筑保存基本完好 ，装饰精美。

李妈赛宅俯视图

第三章　地方民俗

第一节　采访杂记

温厝村温厝社民俗采访记

采访时间：2014 年 5 月 6 日—2014 年 5 月 30 日。

采访对象：泰安宫理事长温斌耀、卫生所医师温斌荣、社区支委温月佳。

温斌耀，46 岁，热心村里的公益事业，关心两庙的事务。

温斌荣，44 岁，热心村里的公益事业，关心温氏宗族事务。

温月佳，43 岁，负责温厝村民俗普查的协调组织工作。

温氏源流

温厝自然村位于温厝行政村的中部，原名龙塘，人口 2000 多人，分为 6 个生产队（改制后叫居民小组）。上厝角落是 6 队、7 队，河尾角落为 8 队、9 队，河顶角落是 10 队、11 队。由于全社都将拆迁，一部分村民们已经陆续搬到安置小区——兴港花园居住，村里已经没有留下多少人，相对寂静了不少。

温厝村大多数村民都姓温，温氏家谱在“文化大革命”期间被毁损，以致所记不详。在垂裕堂左侧内墙悬挂的镜框中，保存了一幅平和芦溪温志强数年前根据其家藏《温氏族谱》记载所整理的温家庄温氏谱系图，现重新绘制如下：

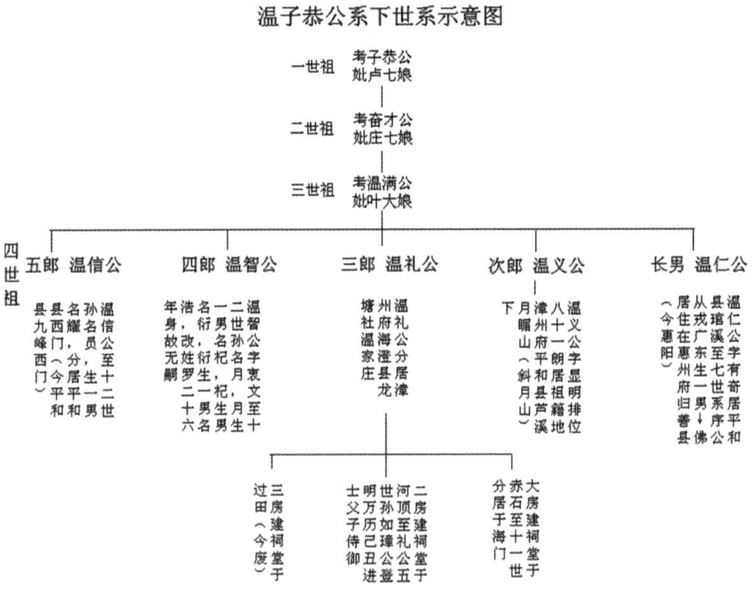

温氏谱系图

由于温厝社温氏族人记忆中的祖婆是柏氏，而不是卢氏，并且族人从未听前辈说起本社温氏是从平和县分支而来的，所以众人对平和芦溪这份谱系图的可信度有一定的疑问。

2012 年年初，温志强再次提供温厝温氏家谱新线索，温厝热心人士根据这条线索远赴江西赣州于都大佛寺组温仕坤处得到了有关温厝温氏的新族谱，现简要整理谱系如下。

宗明公

良州　良府　良县讳尼端，迁温厝开基立业（成化年间，1465—1487 年）

五世孙 温惟玄 讳如璋　五世孙 温惟师 迁龙溪二十五都

传世至今　八世孙 十八郎 迁于都大佛寺开基立业

温厝相关人士认为这一族谱更接近事实，理由如下：

第一，此族谱中提及祖婆为柏氏，与大家记忆中祖婆的姓氏一致。

第二，此族谱关于祖墓朝向的记载与温厝实地一致。

第三，此族谱自认祖宗是从温厝社分支到龙溪而后到于都大佛寺，修族谱者一般不会乱认祖宗。

第四，依照族谱记载时间推算，良县公大约出身于 1450 年，距今 560 年左右。传世约 25 世，与温厝目前传世状况相吻合。

目前，温厝温斌荣、赤石社温志攀等温氏热心人士还在继续对族谱进行梳理求证，力求完善。

温炳杰老人补记：柏氏是温厝一世祖婆，卢氏是平和一世祖婆。温如璋妻室为东浦张氏，东孚东浦村以张姓为主。

垂裕堂

垂裕堂位于村子中央，是温厝（龙塘）温氏始祖温礼公宗祠。垂裕堂历史上有多次重修，最近一次是 2003 年 6 月重修竣工的。

垂裕堂在中华人民共和国成立前后都曾作为温厝小学的校舍使用多年，“文化大革命”中也曾作为生产队的仓库。现在除了一些重要的祭祀活动以外，村里面一些重要活动也利用这里的良好环境来进行。事实上，每届的村民委员会的选举会议都在这里举行。村民每年正月十五到慈济北宫进香，以及蜈蚣阁游行的许多准备工作也在这里展开。

垂裕堂坐西北朝东南，由前殿、后殿组成。前殿面阔 3 间，进深 1 间，门前有门廊。后殿面阔 3 间，进深 3 间。前后殿间为天井，天井两侧为廊道。垂裕堂的石雕相当精美，外墙上方有镂空透雕螭龙的方形石窗，石窗下方有麒麟等石雕，门前一对螺蚌抱鼓石凸显此庙主人的显贵身份；屋顶前檐有一排神仙剪粘，有 9 个，原来是骑着各种神兽的八仙再加上中间乘着仙鹤的太上老君，神态逼真，惟妙惟肖。

垂裕堂正门有一对楹联："效忠晋室家声远，按治越邦政绩彰。"参考史书，上联说的是东晋名臣温峤，太原祁（今山西省祁县）人，博学能文，工书。咸和初为江州刺史，封始安郡公，累官至骠骑大将军。下联经温厝族人考证，所颂扬的是温厝前人温如璋，明万历十七年（1589 年）登进士，在贵溪、两浙、山东等地为官，呕心沥血，政绩彰显。

【垂裕堂重修碑志】

序

温厝（龙塘）温氏宗祠自明朝万历年间兴建至今，已历经廿多世，几经沧桑日久失修，终致瓦破檐朽，壁残垣摧。族人看在眼里，急在心中常怀修念。然力不从心，多次欲修未果。公元 2003 年，经热心人士发起组织宗祠修建董事会、理事会，更承蒙宗亲及热心人士鼎力扶持，踊跃捐款得于是年阴历正月动工修建，六月吉旦竣工。祠堂焕然一新，其风采比前更甚，列祖列宗在天之灵定当笑慰。为对慷慨资助、鼎力扶持者敬表谢忱并流传子孙后世，谨立此碑以志。

热心人士捐款修祠芳名志（略）

本堂修建董理事会成员（略）

温厝温氏宗祠修建董理事会　恭立

公元 2003 年 6 月　癸未年季夏

垂裕堂外景

垂裕堂重修碑志

善述堂

善述堂位于温厝社靠西侧的河顶角落，是温氏二房家庙。这是一座清代前后两进的闽南台湾型传统建筑。前殿面阔 3 间，进深 1 间；后殿面阔 3 间，进深 2 间。中间为天井，左右为回廊。该庙始建于明代，清道光年间、2003 年重修。它的石木雕刻十分精美，石雕主要有透雕窗上的螭龙纹，柱础上的如意纹、花草纹等。特别是门前一对三段式抱鼓石比垂裕堂的抱鼓石更加华丽精美，更加彰显御史大人的显贵身份。

善述堂正厅大梁上悬挂两块横匾，是 2003 年重修善述堂时由族人捐献的。其中一块上书“父子侍御”，一块上书“巡按察院”。据介绍，以前善述堂就已经有这个横匾了，在“文化大革命”期间被损毁。《海澄县志》记述“温必充以子如璋赠广西道御史祀乡贤”，说的是温如璋的父亲温必充因为儿子的功勋，也被朝廷赐予了御使的身份，可见牌匾所书来源确实有依据。

善述堂

【重修善述堂碑记】

吾温氏家族于大明朝乐居龙塘（温厝）祖宗历尽艰辛，以致辉煌，故建宗祠善述堂。后于清道光年间重修，迄今已历百余年，历经沧桑，祠宇破坏不堪，众裔孙见之，皆痛心疾首。今承吾家族众贤达志士，捐资重修，虽不能复昔日之辉煌，但望能及前之一二矣。籍以上告慰祖宗在天之灵，下勉励家族后世子孙，勿忘祖训，奋发图强，再创显耀！

喜捐芳名（略） 共和癸未年仲月

公元 2003 年 8 月　立

温氏三房家庙肇修堂遗址

在温厝社过田角落后面的小树林里，有一座已经荒废的石柱砖墙建筑，面阔 3 间，中间 1 间足有 8 米宽，旁边两间也各有 5 米宽。如果不是屋前的旧石阶和墙基的几个鼓形柱础，看不出来这里曾经是温氏三房的祖庙——肇修堂。整座建筑在“文化大革命”期间倒塌后就一直没有修复，“文化大革命”后期生产队在此筑墙盖顶作为牛棚，现已废弃。

温氏七柱小宗

离垂裕堂不远，有一座不甚起眼的单脊飞檐红瓦房，面阔 3 间，进深 1 间；后殿面阔 3 间，进深 2 间。中间为天井，左右为回廊。该门柱上没有刻楹联，只是从正面墙上的一座重修碑可以看出这个家庙是温氏三房的七柱小宗。

温氏七柱小宗

泰安宫

泰安宫位于温厝村中心，紧靠着村部大楼左侧。据介绍，“文化大革命”以前泰安宫是在村部大楼的位置，宫庙规模也跟村部大楼的规模相当，因年久失修荒废，1970 年在这里建起了村部大楼。1987 年重建泰安宫，因为地方所限，规模就比原来的小了不少，但是并不影响信众们的祭拜热情。

温厝社所在的位置以前是海边，而泰安宫门前就是一片大湖，所以这里供奉的主神是水仙尊王。与其他庙宇不同，这里正殿神龛里供奉着五位水仙尊王，分别是治水的大禹王、爱国投江的屈原、忠臣伍子胥、楚霸王项羽和土木匠祖师鲁班。宫庙的右殿供奉着一尊保生大帝金脸神像，那是当初慈济北宫在殿房倒塌后，三尊保生大帝神像无处栖身，后由 6 个自然村的保生大帝信众卜杯，温厝很幸运卜到供奉在神龛中间位子的金脸神像，请到泰安宫供奉的。传说，

泰安宫

泰安宫重建碑

这位保生大帝曾经代理过三天皇帝，神功显赫，所以到祖宫进香时，都得开正门让神像进入大殿。据说，有一段时间还要与祖宫正殿上的神像换个座位，有点皇帝轮流做的味道。

【龙塘泰安宫碑记】

泰安宫水仙尊王系龙塘社开创神庙历史悠久，庙宇辉煌、壮观。海外邻里人士所信仰。因年久失修崩塌平地覆，由诗巫坡温宗英及温进德温宗育诸君，及乡里善男信女共同合力献款重建，一年业已落成献款大德立碑芳名为志

献款名录（略）

公元一九八七年蒲月吉旦 董事立

威福宫

威福宫位于温厝村中心广场边上，隔着村道面对村部大楼，是一座一开间的庙宇，供奉的是大王公妈，这里也是温厝村民的信仰中心之一，每年的正月十五，威福宫的大王公妈都要协同泰安宫的菩萨一起到慈济北宫谒祖进香。

威福宫

永渊宫

从南海一路左拐进入温厝村道，不到 200 米，就可以看到在左侧路边有一座面阔 3 间，进深 1 间、黑瓦屋顶、白灰抹墙，很朴素的宫庙，很朴素的铝合金框宫名牌写着“永渊宫”三个大字。由于住在附近的村民已经陆续搬迁，庙前显得冷清了许多。而庙内却相当整洁，神龛

永渊宫外景

里的几尊神像照样一尘不染，香案上的 3 个香炉仍是青烟缭绕。砌在墙上的一块花岗岩石碑记录着最简朴的修建碑记："修建永渊宫碑记 印尼侨胞温狥顿、温八源，继承先父遗产房屋两间，现乐献给社修建使用。主持人：温本能　捐资芳名（略）　董事立　公元一九九七丁丑年　桂月"。从碑记可以看出，当年两位印度尼西亚侨胞慷慨捐出其先父遗产，经众人捐资重新装修后就成了今天的永渊宫。

永渊宫神龛上供奉着八仙的神像，后面一尊最大的神像是吕洞宾，前面两排分列着 7 尊较小的神像分别是铁拐李、汉钟离、张果老、何仙姑、蓝采和、韩湘子、曹国舅。据村民介绍，温厝村的历史名人，明朝万历朝进士温如璋就是经由吕洞宾点化的。

温如璋出身贫寒，幼时贪玩，以帮富人放牛为生。一日，一位算命的道士先生来到龙塘社，在一株大芒果树下，遇见正在放牛的温如璋。道士一眼就看出这孩子是个可造之材，遂予以点化，日后果然勤读上进，功成名就。这时，村民们才想起要感谢道士，却遍寻不遇。后来，大家在村口仙祖庵供奉的神像中认出那位道士就是吕洞宾的化身，连忙焚香敬拜，奉为主神，从此此庵香火日渐旺盛。

每年的农历四月十四是吕洞宾的生日；八月十八是八仙的纪念日。到了这些日子，村民们一清早就会来到永渊宫敬香祭拜，宫庙对面的戏台上的芗剧、布袋戏都要连续上演好几天。

赤石社民俗采访记

采访时间：2014 年 5 月 6 日—2014 年 8 月 11 日。
采访对象：赤石社温颜庆安（又名温宗港，87 岁）。
温国平、温志攀父子，温亚练老人（76 岁）。
温厝社温清山老人（87 岁）。

村社概况

赤石自然村地处温厝村的东部，背山面海（海域已被填平），也称龙塘或凤山，人口 500 多人，是温厝村的第五生产队（现在叫第五小组）。全社大多数人都办好了搬迁手续，已经陆续搬到安置小区——兴港花园居住，村子里只有一两户还有人居住，显得相当荒凉。

赤石的大多数村民都姓温，是温氏家族的大房从温厝社分居而来。这里的村民关于当年大房分居赤石有个传说：当时温氏祖庙垂裕堂在修建时，请来的大木师傅技术很好，村民对他恭敬有加。大家知道师傅爱吃鸡胗，每天杀鸡时都把鸡胗专门炒好端给师傅。后来，师傅有时因为事情较忙误了吃饭时间，炒好的鸡胗就被其他木工吃掉了。于是，负责伙食的大房厨师就想，要不就把每次杀鸡的鸡胗先留作保存，等祖庙建好后再一起交给师傅，让他带回家中慢慢享用。可是大房厨师却忘了把这件事告诉师傅。

师傅每餐都吃不到鸡胗，心里窝火，就在屋顶大梁都上好后，暗地里在屋梁上做了个手法，要破大房的风水。那天要返家了，大房厨师把一整袋保存好的鸡胗送给他，大木师傅才知道是错怪了大房。师傅就跟大房的家长说："这里的风水已经不适合你们大房的人居住了，你们还是早点搬走吧。你们把这些盖房子剩下的石块装进筐子挑走，一路上不要停，等到石块掉落地上时，你们就在掉石的那个地方定居吧。"于是，大房的家长就挑起石块往东面走去，当走到赤石的时候，遇到熟人问话，就歇下脚步放下挑子。这时，石块忽然滚落地面，大房家长想起师傅说的话，再看看此处山美水美，很适宜居住，于是就在赤石开基立业，一直繁衍生息几百年。

历史名人温文旦

海沧的著名华侨温文旦就是赤石人。据庆安老人介绍，早年文旦家境贫寒，其父温活水拜托好友廖坑公带文旦去南洋学艺谋生。到马来西亚后，文旦在廖坑公经营的商铺当伙计。他天资聪明伶俐，而且吃苦耐劳，又勤奋好学，很快成了廖坑公的得力助手，将其视同家人。

后来一场大火几乎烧毁了廖坑公的所有房屋财产，只留下文旦守护的两间仓库免于火灾。灾后，廖坑公毅然将这两间仓库及里面

温文旦兴建的大落厝

的所有货物赠送文旦，自己悄然隐居。

文旦利用积累的经验和自己的聪明才智，在艰苦的环境中努力拼搏，不断扩大经营范围，在发展了廖坑公原有胡椒业的基础上，他大胆进入橡胶种植业，并取得巨大成功。10 多年过去后，他成为 20 世纪初马来西亚著名的商界领袖。

赤石社的一些大厝就是在温文旦南洋事业成功后回来兴建的。现在，这些房屋虽然都已经先后拆迁，但文旦家族昔日的辉煌都深深留在人们的记忆之中。

【温厝历史名人温文旦先生生平】

温文旦先生，又名温闻旦（1864—1930 年）。原籍漳州海澄三都温厝（现为厦门市海沧区温厝村赤石社），马来西亚槟榔屿（现为槟城）著名的儒商。大约于 1880 年抵槟榔屿，弃举子而晋身为绅商，开设万得丰号，经营胡椒业；其后又兼营树胶业于大街 10 号之福顺店内。一生酷嗜书画文章，珍藏丰富，名其寓曰陶然楼，为流寓槟岛士人与过境吏员谈文论艺之地。

温文旦先生于 1930 年逝世，享年 67 岁，葬于槟榔屿。

——摘自陈剑虹《槟榔屿华人史图录》

赤石社的祖庙、宫庙建筑

温氏大房家庙（龙塘）原来是建在赤石自然村村口大坪的北侧，面朝南方，整个建筑由大门、天井及三开间的主屋构成，大门横楣上书写“龙塘”两个大字，门柱上一副楹联“赤胆忠心子孝孙贤，石坚意诚后继有人”引人注目。大门两边有一对一米多高精美的抱鼓石。1980 年，主庙曾经倒塌，1998 年重新翻建。庙墙上原先嵌有两块当年的重修碑。现在这两块碑连同门前那对抱鼓石已经随新祖庙迁到兴港花园了。温宗墉先生是文旦弟弟的孙子，是当代马来西

原赤石家庙

亚华侨中的一位富商，在温厝村多所宫庙以及温厝学校都有不少的捐资。

云山寺位于赤石村口大坪的西侧，与赤石大房家庙成直角相对，是一座宽约 6 米的单开间宫庙。大门上方是一块刻着“云山寺”大字的黑色石碑，门柱上一副楹联是“福门纳客安乾坤，佛光普照苍生醒”，门楣上的横批“云山进福”，点出了云山寺是一座佛教的庙宇。但是,跟闽南地区的其他宫庙一样,这里供奉的菩萨除了弥勒佛，还有圣王爷、福德正神等诸神。

凤山宫是赤石社的另一座大宫庙，原先的旧庙在村庄的东面，已经在几年前因为海沧出口加工区的建设被拆迁了。从留下的照片可以看出，这是一座三开间的单燕尾脊主体建筑，屋顶装饰很漂亮，除了飞龙、神兽、宝塔，还有一些骑马神像剪贴。门柱上的石刻楹联是两句藏头诗“凤踞圣地保我生民永世，山镇宝址大哉帝泽无垠”。引人注目的是，庙前小广场中间摆放一座花岗石雕制的大型器皿。

原赤石云山寺

原赤石凤山宫

兴港花园的赤石宫庙群

兴港路北端兴港花园的沿街店面保留了一排相连的宫庙群，从左到右分别是凤山宫（三间店面）、云山寺（一间店面）、龙塘（温氏大房家庙，两间店面）。这里是从赤石旧村搬迁出来的村民的活动中心，天天有许多老人和妇女在此泡茶、聊天。每月的初一、十五，或者遇到各位神仙的生日、升天日，这里更热闹，鞭炮阵阵，青烟缭绕。宫庙对面搭建的戏台上会连续几天上演芗剧和其他节目。住在生活小区的村民们在这里可以找回一些旧时田园生活的感觉。在搬迁安置的工作中，第五组（赤石组）的组长温国华带领赤石社热心人士在组织协调繁杂的宫庙选址、内外装修、神灵搬迁的过程中做出了很大贡献。

走进新凤山宫，可以看到正面墙上彩绘的三宝佛画像。据介绍，凤山宫原来就是主祀三宝佛，以前也是彩绘的平面神像，菩萨照样很灵验。三宝佛画像有一张靠背椅，上面坐着一尊红脸的保生大帝神像。这是当初慈济北宫倒塌时，宫里的三尊神像无处安放，凤山宫信众经过卜杯分到了这尊神像。当时，温厝社和宁坑社也各分了一尊。但是，凤山宫并不像其他宫庙那样，正月十五会抬着保生大帝的轿辇去慈济北宫进香，赤石的信众会在元宵节的晚上抬着庙里案台上供奉的大王公妈和虎爷到村庄附近的山上田边绕境巡游，以

兴港花园的赤石新宫庙群

求菩萨保佑新的一年平安发达、粮渔丰收。

案台上还有4个大小不等的石雕方形香炉。炉体侧面的浮雕精美，有花草、有神兽，每个炉身都刻着“凤山宫”大字，旁边还刻着年月“光绪庚子年十二月”，算来也有百余年的历史了。最宝贵的要算在旧庙图片上看到的那个方斗状石制器皿，就放在新宫门的外面。从侧面看是一个倒梯形，从上方看，它的上面部分是个弧形底浅槽，一些雨水还积存在上面。4个侧面都有精美的浮雕，短边两面分别是刻着吊环的石狮头，长边有一面刻着飞龙和缺损的宝马。另一面是活灵活现的两只白鹭在莲花池里觅食，还有两行字，“崇祯丙子年立　本社黄善镰捨”这些字于1636年所刻，至今已有近500年的历史。乡亲们可能都没看清那些小字，也不了解这个东西的用处，因其重量足有五六百斤，也就放在一边没怎么管它。后来经分析，这个可能是以前凤山宫里点香油长明灯的盛油槽，很有文物价值，应该妥善保存起来。

石制灯油槽

隔壁云山寺的案台中间供奉着的神像是郭圣王，红脸庞、戴官帽、披红袍。神奇的是，他旁边的两位副将，都是平举前臂，攥紧双拳。仔细一

新云山寺正门

看，左边这位右手握着一支短钢钎，右边副将的右手握的却是断掉的工具。据老人家说，那是一支金刚锤，本宫的乩童做法事时，圣王还特意交代要修复这支金刚锤。信众们都说王爷很灵验，农历二月二十三是他的生日，八月二十二是他的升天日，大家都要来祭拜、看戏。

与其相邻的就是温氏大房家庙，门楣上的“龙塘”二字显眼夺目，房屋装修得富丽堂皇。现在温氏大房子嗣们每年都在这里祭拜祖宗。以前是冬至祭祖，现在考虑到大家都在各单位上班，不比以前农田干活可以随意停工，所以就将日子改在元旦这一天。大家趁着放假来到家庙，共同缅怀先辈。温氏家族各房的祖庙垂裕堂祭祖时间则是每年正月初二和冬至节，老人们也都会抽时间去参加那边的祭拜仪式。

温厝村宁店社民俗采访记

采访时间：2014 年 4 月 19 日至 2014 年 4 月 30 日。

采访人员：理事长李振砦，理事李书博、李月泉。

李振砦，74 岁，看上去要比实际年龄年轻不少，负责两庙的日常事务。

李书博，70 岁，长期担任理事会的会计工作。

李月泉，74 岁，住在两庙附近，负责两庙的日常管理。

李氏源流

宁店自然村地处温厝村的最西面，原名龙潜，人口 600 多人，分为两个居民小组。由于宁店全社都在征地拆迁范围内，一些村民们已经陆续搬往新区居住，除了施工队伍，留在村里的人已经不多了。

李姓人口在宁店社占总人口的大多数。李姓是中国第一大姓，500多年前，宁店李氏自东孚山边村分居而来，山边的李姓则是更早时期从海沧大路头分居而来。由于本社李氏族谱在文化大革命中毁损，一些家族资料无法得到整理收集，但根据辈分的排名规则，现今宁店李氏已经传至第17世。

树德堂

李氏开基祖迁居到宁店后，先后修建了家族宗祠树德堂和供奉保生大帝的龙山宫，至今已有500多年的历史。经过多次重建和修缮，这两座古建筑依然保持着雄伟的外观和丰富详实的内装修，依然是宁店村民们祭祀活动的中心和庆祝节庆的重要场所。

树德堂位于宁店社的西北角，坐东南朝西北，前后两进，面阔3间，中间是天井。大厅屋梁上悬挂着大牌匾，淡绿底色上的3个银色大字“树德堂”遒劲有力，这是1985年重修时挂上的。香案上4个金属铸造、陈迹斑斑的大烛台特别引人瞩目，高度足有半米，底边宽度20多厘米，实属罕见。

树德堂外景

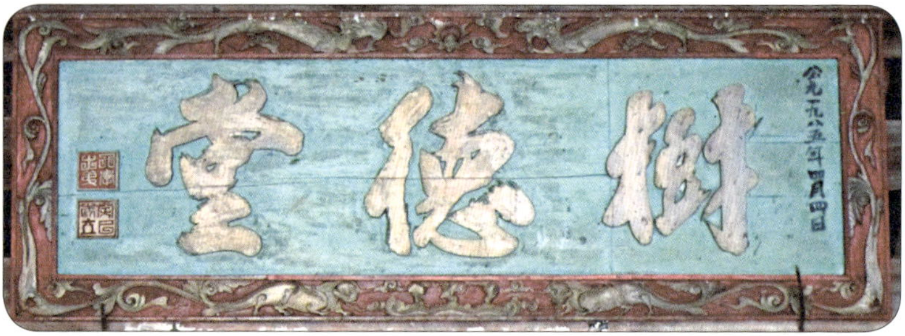

树德堂牌匾

大烛台

同样罕见的还有祠堂东面墙上的一块木质文字碑，被石灰砌在墙壁里，碑长 28 厘米，宽 25 厘米。碑文是用金属文字镶嵌在木质底板上，虽然字迹依稀可见，但由于木质底板已经霉变，影响了阅读效果。碑文分为两部分，一是记录大清咸丰九年（1859 年）翻盖此庙改换瓦木之事；二是制定了祠堂使用规定五条，李氏祖先的良苦用心可见一斑。

祠堂理事会（祖厝主会）每年选举一次，在祖厝内卜杯定下当年的主会和副主会，祠堂墙壁上还贴着 2013 年、2014 年主会名单。2013 年主会是李颖明，卜得 7 个杯;2014 年是李石欠，卜得 8 个杯。主会负责当年筹备和举办祠堂和大庙各种祭祀、进香活动。

每年的冬至节是祖厝拜祖的日子，各户人家自备香烛和供品前来祭拜。

龙山宫

龙山宫建于宁店社的西北角，距离树德堂东北面不到 50 米，坐西南朝东北，整座建筑与树德堂成 60 度夹角。龙山宫前后两进，中间天井两廊，面阔 3 间。据村里老人说，龙山宫与树德堂是同时期建造的，几次翻修重建大多也是同时进行。

龙山宫外景

光绪十年的重修碑记（局部）

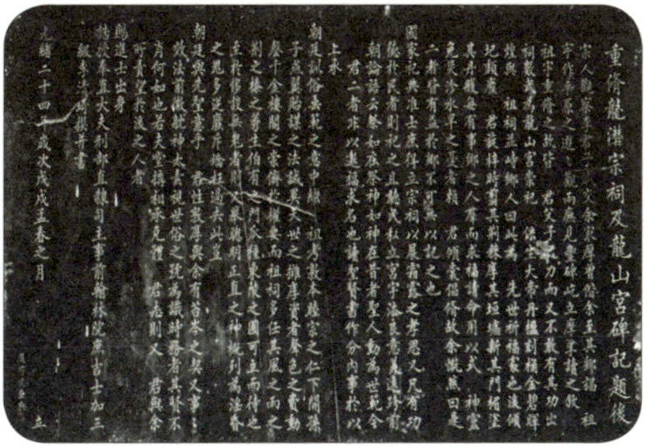

李清琦的碑记题后

进宫门左侧墙边立着一块古石碑“重修龙山宫碑记”，是清朝光绪十年（1884 年）重修庙宇后立的碑。

砌在进门右墙上的“重修龙潜宗祠及龙山宫碑记题后”碑，是本村清朝进士李君子的好友、奉直大夫刑部直隶司主事李清琦于光绪二十四年（1898 年）撰写。这些碑文为后人了解两庙的历史提供了很好的依据。

立在古碑左侧的一块较新，石碑为 1998 年新立，讲述了庙宇最初兴建、主祀、毁损及 1997 年重新翻修前后庙宇状况。

光绪初年（1875 年）“天假祝融，庙成废墟，圮垣颓壁，荆棘丛生”“光绪三年丁丑，公元一八七七年，里人李君子咸印度尼西亚华侨，返梓触目疮痍景象，毅然倾囊倡起重修，光绪十年甲申，公元一八八四年竣工，庙复原貌”。

“今经百多年失修，任其风之雨之，加以人为破坏，雕屏彩画梁匾均遭挖拆，更有甚者，十年浩劫，整座民族文化艺术结构悉遭摧堕殆尽，致使风雨漏水，栋梁橼柱均受腐蚀蛀败，长此势将剩下残垣断壁”。

“承诸信众响应支持，慷解义囊”，于 1997 年冬月“破土兴修，填其庙础、护其垣墙、新其门栖、易其石柱、涂其丹椽、翻其宇盖”，于 1998 年春月竣工，“庙貌焕然，龙凤争辉，栩栩如生，飞檐翘角，剪贴争妍，气宇轩昂，美轮美奂。”

1998 年重修碑（局部）

1997 年，本地居民共捐献 4 万多元人民币，马来西亚华侨李振成（理事长李振咨的二哥）捐献了 1 万元，受到大家的赞赏。在村民的精心保护下，龙山宫至今依然保持壮丽的外观。

龙山宫还有一块大石碑，碑名称“奉宪立牌”，是清朝同治十年（1871年）由海澄县正堂朱为奉宪而立的，原来是立在村边，后来村民们移到宫中妥善保管。碑文内容主要是禁止当地“乞丐营”勒索百姓、禁止当地人歧视华侨，在当时起到了威慑的作用。

奉宪立牌碑（局部）

龙山宫装饰十分精美，既有精美木雕，如鳌鱼、花鸟、狮子、人物故事等，又有十分出色的石雕，有透雕螭龙纹石窗、双龙戏珠、人物故事、老虎、花鸟等。廊道有卷云龙柱及石麒麟。屋顶上八仙过海的八尊小雕像栩栩如生，人物惟妙惟肖，是不常多见的精品。

龙山宫正殿神龛里供奉保生大帝，神案上供奉着开路先锋哪吒太子和虎爷。同时，还供奉着天上三公子、土地爷等神灵，此外，这里还供奉着八仙过海中的仙师公蓝采和。过海的八仙当中，年龄最小的是蓝采和，他在宁店社有重要的使命。每年正月十五的晚上，小孩们会抬着蓝采和的神像到村里游行，叫“看新娘”。而当年刚结婚的家庭，要在正厅里摆好凳子，请蓝采和的神像坐上，新郎新娘在神像前叩拜仙师公，以求婚姻美满、早生贵子。

宁店社的民俗活动

农历正月十一是龙山宫前往慈济东宫谒祖进香的日子，这是宁店村民一年当中最为盛大的喜庆日子。每年进香，社里信众自愿捐资请来乐队香阵，有大鼓吹、舞狮舞龙、中西乐队，每阵需数

两尊保生大帝神像

千元至上万元人民币不等。庙里也会出资邀请1支乐队。2014年进香时全社共请了26支乐队。

当天清早在庙前举行仪式后，队伍就浩浩荡荡沿着马青路前往青礁的慈济东宫进香，然后又浩浩荡荡地游行回庙前，表演后方才散去。庙前戏台还会接连几天演戏到深夜。

与其他庙宇只供奉一尊保生大帝神像不一样，龙山宫供奉两尊保生大帝神像，进香时坐着神辇去东宫谒祖的只是其中的一尊，另一尊则留守庙中。传说，以前两尊神像是一起去祖宫进香的。有一年，其中一尊进香后不愿意回来庙中，信众们答应回来后请神像看戏，这才顺利抬回来。从此，每逢进香，庙前戏台年年都要请剧团来演戏，而那尊曾经不愿意回来的神像则一直留守庙中了。

早期，当地还没有歌仔戏和芗剧团，请来的都是外地的京剧团。他们演戏的行当相当多，大刀长枪戏服装满了大箱小箱。村民们都要到位于赤石的码头帮助剧团抬来这些行当。刚开始的时候，村里人丁不多，只有100多人，大家听不懂京剧，所以演戏的时候，台下只有几个小孩跑来跑去在玩捉迷藏，大人们基本都待在家里不出来。戏团老板觉得很尴尬，觉得村里人太不给面子了，准备不演要回去。大家就跟他们说："请你们戏团来唱戏，主要是给庙里的神灵看的，我们看不看不要紧，你们如果不演要回去，那这些戏箱你们就自己抬到码头去吧。"戏团老板这才陪着笑脸，连声道歉，演员们也提起精神，拿出看家本领，越演越精彩。

春天的时节，村民们会把虎爷抬到附近的山上去游行，寓意是让老虎把害虫吃掉，以求当年庄稼生长良好，喜获丰收。

每年农历的三月十五的保生大帝生日、八月的天上三公子生日、哪吒太子的生日，龙山宫都要举行庆祝活动，祭拜、演戏都是必不可少的。现在请一个芗剧团来演戏，需要四五千元的费用。考虑到节省资金，有时也放电影、演木偶戏，村民们也都喜欢。

【光绪十年的重修碑记摘抄】

海澄邑之龙山乡，其地有庙号曰龙山宫，自前明建有数百余年，其神盖祀保生大帝，及原祀诸神亦在其庙祈祷灵应，瞻拜展诚神，因而钟灵人依神而获福。乃有不戒于火画梁雕栋，龙蛇消于回禄宝像，幢幡金碧委于泥沙，过客兴嗟里人心伤，第修筑工费浩大，难以为理，通信示子先行倡捐，激劝旋集叔侄来即，我谋公好义尚有不敷，补足成数道，男唐济旋里督理，择吉兴工，悉心经营尽美而又尽善。诸神有所凭依，栋宇尽快落成。平我捐金芳名，共为勒石，亦世流光，此子区区之心，总求无愧，亦以成善事云尔是为序。

总理把东大妈腰李妈赛拜撰并书

李妈赛捐金贰仟伍佰大员……

光绪十年岁次甲申仲夏月吉旦　立石

【重修龙潜宗祠及龙山宫碑记题后摘抄】

宗人观察李君子咸交余，厚曾偕余至其乡谒祖，宇作平原之游，游观两庙见丰碑屹立，摩挲读之叙祖宇重修之故，皆君父子之力而又不敢，有其功出祠数武，为龙山宫崇祀保生大帝，丹楹刻桷金碧辉煌，与祖祠并峙。乡人曰此为先世祈福处也。后倾圮颓废，君旋梓时翦其荆棘，厚垣墙，新其门楣，涂其丹雘，每有事，乡之人群而求福请命，用以式神灵免灾，沴水旱之忧者赖君倾囊倡修，故余慨然曰，是二者皆有益于乡，不可无以记之也。

……

赐进士出身

诰授奉直大夫刑部直隶司主事前翰林院庶吉士加三级李清琦撰并书

光绪二十四年岁次戊戌孟春之月　立

【署漳州府海澄县正堂示禁碑】

钦加同知衔、署漳州府海澄县正堂、加五级、记录五次朱为严禁事　本年十一月初十日，蒙本道宪文札开：同治十年十一月初二日，准大荷兰国驻厦巴领事照会，内开：据敝国民人李康泽禀称，伊祖籍澄邑龙店社，族小丁稀，居多外出生活、乡中唯有妇女幼稚。凡诸婚姻、起葬、登科、祝寿等项俗事，每遭该处丐首藉充夫头包管地界，名曰“埔头”，横勒向伊该管雇用夫轿，占界霸抬，择肥肆噬，不得越界别雇，任听诈索多资。即如婚娶花轿、吹手一切等费常时三五元之数，而丐首多则索银五六十员（元），少则三四十员（元）。间有乡民贫苦莫应，恳诸女家步行护嫁，辄被该管埔头之丐首率同丐伙拦途阻挠，肆扰难堪，或偵女定聘，抢先勒借男家婚娶轿价，临期易脱、丐首居奇重索：或家养苗媳长成冠笄，亦当折给轿费、丐礼，百般荼毒，恃其勾结棍蠹，相济为恶，诈称充当官夫，赔累差费，欺骗乡愚，定遭扰索弊害，置各乡民不啻釜鱼笼鸟，情惨曷极。兹泽弟李康杰系由贵国回乡定聘、娶妇，佳期在即，被该丐首食髓知味，居奇多索轿价，定要数十元以遂欲壑，忿忤抄扰，抗不预备夫轿应用，莫奈他何，势必贻误匪轻，竟到在外乡族子侄，闻风裹足，视为畏途，不敢回家婚娶，乡族几废。于是乡老咸谓积弊蔓延，相率佥赴地方官，呈请禁革在案。念泽与弟李康杰同系贵国生长，而今回籍娶妇，此系风俗人伦之大关节，岂容丐首假藉夫头，包雇夫轿，索取厚礼，又不能听便别雇，殊属同法至极。恳请照饬禁革等情。当查澄邑丐首如此横行，扰索彩礼，甚至藉充夫头，霸管乡村地界民间婚娶，迫勒向伊包雇夫轿，多诈银钱，最为地方之害。伏查李康泽世居龙店社，系属孱弱小乡、屡受凌勒荼毒。此次伊弟李康杰回乡娶妇，乃人伦之正道，该丐首胆敢欺视外国初回、人地生疏，定欲乡索轿费，从其包雇。此等刁风，殊深愤恨。以致通乡子侄有在敝国营生，闻风裹足，不敢回来婚娶，情实可悯。亟应照例禁革，未便任听扰害。合亟相应照请。为此照会，请烦查照，希即檄饬海澄县出示禁革：凡遇龙店社乡民婚娶情事，准予自行择便别雇夫轿，毋须丐首藉充夫头，霸占地界，恃强包雇，勒索扰害，俾便乡民，勒石永禁，以垂久远。仍将饬办缘由赐复，是所切祷望，切望速等因，准此。除照复巴领事知照外，合丞札饬。札到该县，立即遵照出示严禁。嗣后遇有乡民婚娶情事，毋许该丐首藉充夫头，霸占地界，恃强包雇勒索，以免扰害。仍将遵办缘由具文报查，毋稍延纵，火速。此札。等因，蒙此，除将呈控各案另行究办外，合行示禁。为此示仰合邑各丐首等知悉：如遇民间婚娶一切事件，应否雇轿及雇用何处轿夫，悉听自便。毋许把持地界，勒索轿价、花红各目。如敢故纵群丐临门，吵索酒食，许被扰之家即行呈控，从重严办。凛之毋违，特示。

同治拾年拾壹月口日给告示

宁坑社民俗采访记

采访时间：2014 年 7 月 10 日。

采访人员：宁坑社村民林朝成（64 岁）、林振南（85 岁）。

林氏源流

宁坑自然村地处温厝村中部，在温厝社的南面。宁坑人口 800 多人，分为第三和第四两个居民小组。宁坑全社都在征地拆迁范围内，村民们已经陆续搬往新区居住，留在村里的已经没有几个人了。

宁坑社七八成的人口都是姓林，还有一些吴姓、余姓及其他姓氏。林朝成介绍说，宁坑的林氏是元末明初时从囷瑶的石囷自然村分支而来，繁衍至今也有27代了。在石囷林氏理事会和老人会整理的“石囷林氏文史资料”中可以看到详细的记载：“宁坑社由石囷林氏二房后裔迁入定居，因族谱轶失（谱系不详），据吾辈所知及已故前辈生前口述相传，自迁入宁坑社定居至民国年间二社亲人每逢族里事务或逢重大节日及民俗婚丧喜庆总是经常相聚共商处理事务，至中华人民共和国成立后因历史原因二社亲人失去往来和联系，已有半个多世纪时间未能接续传承。吾辈有愧以对前人及现同胞手足，诚所谓：‘竹林枝叶同根生，骨肉血脉本一体’，手足分离‘如雁行之折翼，鹡鸰以分栖’。宁坑社‘历千秋不忘木本水土，承万载永记手足同源’，于2013年农历六月重返石囷祖地认祖归宗，终于了却一代人的心愿。”

与其他村社一样，温厝村的家谱基本都在“文化大革命”时期被损毁了，而宁坑林氏家谱却是在中华人民共和国成立初期就已经遗失。那时，宁坑的林氏族长是当地的一个甲长，成分比较高，土改时被判入狱，后来病故，存放他家中的林氏家谱也就失传了。

宁坑林氏家庙思远堂外景

在宁坑社村子里边有一座即将拆除的林氏家庙思远堂，红瓦白墙，三间面宽。房子外面还有围墙，围墙正门一对抱鼓石很显眼。据 85 岁的老人家回忆，他小时候就记得有这座家庙，当时还经常跟小伙伴们在里面掏鸟窝、捉迷藏。“文化大革命”期间，家庙曾经作为生产队的仓库，后来屋顶上的横梁及木板被白蚁侵蚀，生产队将屋面进行了简单的翻盖，后来一直沿用至今。由于村社搬迁，家族理事会已经决定，在大多数宁坑人搬迁居住的兴港花园前排店面重建一座思远堂，以更好地缅怀先人。

宫庙建筑

宁坑林氏家庙附近的大榕树下，也有一座即将拆迁的古庙——龙津宫。龙津宫面阔三间，进深两间，供奉蔡妈夫人——妈婆。在宁坑社搬迁之前，这里是全社 800 多人的信仰中心。

旧龙津宫

龙津宫始建于南宋时期，当时建在附近的蔡坑社，清朝初年，官府强迫沿海乡民内迁。多年后，宫庙已经破旧不堪，由龙津社（清朝时原名龙津社，后演变成宁坑社）村民筹募资金，将龙津宫迁移龙津社南面的海边重建，直到光绪十八年（1892 年），进行了最后一次重修，庙里的石碑记录了重修的过程。

因为地处海边，龙津宫的基础因受到多年台风、大浪的侵蚀出现损坏，不得不再次迁建。当时，不但是宁坑社善男信女积极捐资，还向在南洋的宁坑社华侨提缘募捐，并刻下碑记永久留存。新庙于 1931 年重建于宁坑社内，距今已经有 80 多年的历史了。

2011 年，海沧出口加工区扩建，宁坑社的房屋包括祠堂、宫庙都在拆迁范围。社里善男信女再一次集体捐资 27 万多元人民币，迁址兴港花园的三间大店面，神灵再次拥有了安身之地。2011 年农历十二月二十一妈婆神像请入宫座殿落成，并请来道士做醮。2012 年正月初七请宁坑女儿女婿开宫门，村里善男信女都来朝拜，并请来戏班答谢，热闹非凡。捐资建宫千元以上的刻上功德碑，芳名世代相传。

新龙津宫

新龙津宫、新林氏家庙思远堂的搬迁也经历了捐资、选址、神灵移位等艰辛过程，在宁坑三组组长吴亚田、四组组长余志强、庙会理事长林国兴的共同带领下，村民们终于顺利完成了搬迁工作。

关于龙津宫供奉的蔡妈夫人，本村流传着一段美丽的故事：早在南宋时期，在龙津社

新龙津宫前的过火仪式

东南方向有一蔡坑社，共有 10 多户人家。离村庄 100 多米的海边有一块四角石，那天在四角石附近浮现三块樟木。有神灵托梦给蔡坑一位村民，说她们是蔡氏三姐妹，现在居无定所。天亮后，这位村民向村里告知此事，消息很快传到龙津社。两社民众经商议决定募集资金，在蔡坑建一间小庙，把三块樟木刻雕神像安放在庙里供奉。从此，每逢村里人生病都会到庙里请教妈婆祖问药、出符，每每药到病除。消息很快传遍四面八方，妈婆祖在民间救死扶伤，香火鼎盛，成为一位有名的神医，后受到朝庭的重视，特封为蔡妈夫人。

大妈婆和慈济北宫大道公有神医之缘；二妈婆是镇宫之神，主侍宫里事务；三妈婆手拿宝剑道法无边，会除妖驱邪之法，村里人结婚时会请三妈婆到家里镇宅，还会看好日子和安宅。

大妈婆生日是正月十六，是妈婆祖每年到北宫进香的好日子。这一天，村里善男信女都会聚集龙津宫前举行祭拜仪式，请来舞龙舞狮、西乐队歌舞、吹鼓和各种艺阵来答谢神明，非常热闹。出嫁女儿也会回来随香朝拜。然后，大家抬着神像轿辇跟随着香阵大队人马浩浩荡荡前往慈济北宫进香。

二妈婆生日是六月十四日，三妈婆生日是八月二十四日。在这些日子，庙会理事会都会各请三日戏来答谢神明。

兴港花园新建的龙津宫由于就在村民搬迁后的居住地，自然而然地成为当地民众的日常活动场所。庙里还供奉着杨颜将军、五谷先帝、祖师公、虎爷公、土地公和注生娘娘等诸位神灵。大家不论大事小事，都可以在这里找到依托。

马垅社民俗采访记

采访时间：2014 年 6 月 25 日。

采访人员：马垅社村民刘汉生（89 岁）、刘汉荣（85 岁）。

刘氏源流

马垅自然村地处温厝村的西南部，通过温厝社的渡水槽下的一条一米宽的小路可以很快走到马垅。但是如果要开小车，则要从温厝社往西到南海一路，再往南到角嵩路后，往东 500 米才有一条道路左拐通到村里。马垅社人口 300 多人，是温厝村的第一居民小组。由于马垅全社都在征地拆迁范围内，一些年轻的村民们已经陆续搬往新区居住，留在村里的大多是还恋着故乡土地的老年人了。

刘姓人口在马垅社是大姓。据刘汉生老人说，刘氏是元末明初时从海澄月港分支而来。当时，刘家是五兄弟，老四名叫刘汝实，那时当兵来到三都，后来就留在马垅定居，结婚生子，繁衍至今已有 27 代。

刘氏家族在历史上也出过一些名人，如第 10 代（明朝末期），村里的刘宗奎就考上了武进士；而当年下南洋的先辈中也有事业很成功的人士，他们在泰国、新加坡、马来西亚等地经商，在航运界及钱庄界都享有盛名。传说，一个名为刘挺的泰国富商把自己的女

刘氏家庙

儿嫁给了泰国国王，在当时南洋各地传为佳话。

马垅社现在还保留着一座古老的刘氏家庙，它位于东部一片茂密树林的旁边，是刘氏的总祠堂。刘氏有四兄弟，大房分居角美的锦宅；二房在村里还有两户，是兄弟俩；三房早年出家并无子嗣；村里主要是四房的子孙。四房原来在村中戏台旁建有一座家庙，中华人民共和国成立初失火损毁，没有再建。村里宗族祭祀都是在刘氏家庙进行。家庙由前后两进主体建筑构成。第一进为假叠顶燕尾脊，面阔 3 间，进深 1 间。第二进是单条燕尾脊，面阔 3 间，进深 2 间。家庙装饰比较精美，石雕有花卉、凤凰、螭龙纹、蝙蝠等，木雕有花鸟、鳌鱼。屋脊上有花卉剪粘。

宫庙建筑

跟大多数的村社一样，马垅社也有自己的信仰中心，这里的

龙兴庵外景

宫庙叫龙兴庵。但跟其他村社不同的是，龙兴庵不是一座独立的建筑，不是专门为供奉神灵而修建的庙宇。这是一座老式的石条建筑，楼下有三个房间，是以前第一生产队的集体房屋，龙兴庵就设在中间一个较大的房间里。历史上，龙兴庵是建在附近的小山上，清初靖边播迁时烧毁，清朝中期又重建。据说，在中华人民共和国成立初期，龙兴庵曾被作为部队的马棚，后来损毁。改革开放后，农村各地的宗教信仰陆续恢复，马垅的村民因陋就简，在生产队的集体房子设立了龙兴庵。

龙兴庵主祀的神灵是观音佛祖，在庵内的右侧设有香案和佛祖神龛。庵内的中间位置是“代天巡狩”李王爷的香案和牌位，旁边小桌子上摆放着一艘装满金元宝的王船模型。老人家说，王爷是借居佛祖宝地，时间长了，大家也就习惯了。这里主要的祭祀是每三年一次的送王船活动。与钟山村送王船活动同年，但会早几天。与钟山村的送王船相比，由于马垅村社小、人口少，活动规模比较小，送的王船也比较小一些，但大家照样依照规矩和历史习俗，每次活动都搞得热热闹闹，尽兴而归。

石仓社民俗采访记

采访时间：2014 年 8 月 1 日。

采访对象：石仓社热心人士李志强。

村社概况

石仓社是温厝村的第 14 组，人口有 200 多人。石仓地处温厝村南部，隔着角嵩路与北面的宁坑社遥遥相望，东邻山后社，西接萧坑和长园，南面背靠海拔 53 米高的石仓岭，山的那头是后井的石甲头自然村。

中华人民共和国成立后，经过合作化、集体化历程后，人民生活水平逐渐提高。石仓曾经是海沧农场的场部所在地，也曾经是海沧乡的养猪基地。1957 年，这里饲养的一头大公猪重达 900 千克，是全国的“猪状元”。当时要称大猪的重量，就是采取古代“曹冲称象”的办法，借用木船和石块分批称重才完成的。

由于海沧港区的建设，石仓社 2007 年开始动员拆迁，2008 年基本完成拆迁工作。石仓的大多数村民陆续迁居到安置小区——兴港花园开始新的生活。石仓岭也被夷为平地，建起了保税港区栋栋厂房。

李氏源流

石仓大部分村民都姓李，李氏人家大约占全社人口的 90%。由于李氏族谱在解放战争中已经被毁，无法详细考证，但是村里老人家凭记忆还是说得出大概情况。

石仓李氏跟海沧地区大部分李氏后裔不同，不是从陇西迁徙而来的。据传，南宋时期一位祖籍扬州、掌管粮草的李姓官员，随军南迁带几个士兵来到石仓地面。他们看到这里的地形犹如两只石狮子，风水极好，就留在石仓开基创业，并逐渐发展成为当地的名门望族。石仓的李氏后裔比较知名的，是于明朝万历六年（1578 年）中了进士的李万石，他后来到漳州府为官。在老人的记忆中，以前在村中旧厝门前，还矗立着一对古代石旗杆。李万石为官的这段时间，他为地方上做了不少好事，石仓社的祖庙和宫庙陆续修建起来了。

李氏祖庙和玉廪宫

历史上，石仓的李氏祖庙多次重修，近代的一次重修是在 1930 年由马来西亚富德堂的石仓籍华侨李维钦捐资并牵头进行重建修缮的。当时，村民也纷纷捐款，但是祖庙在石仓岭战役中被毁后，由于各种原因，没有再一次重建，村里的李氏人家祭拜祖先都在中华人民共和国成立后重建的李氏小宗内进行。李氏小宗是李氏二房的家庙，是 1936 年由新加坡济记公司的石仓籍华侨李大道牵头重修，中华人民共和国成立后由二房的后裔集资所建（石仓的李氏绝大部分是二房的裔孙）。李氏小宗前几年也随着村民们搬迁到了兴港花园的店面。

玉廪宫主祀保生大帝，旧庙在解放战争中被毁，1989 年由热心村民捐资重建。村庄搬迁时，在石仓 14 组组长李南旗、庙会理事长李安居的组织安排下，经过石仓村民们的共同努力，将宫庙的神灵移位到兴港花园沿街店面的新庙，村民们可以很方便地就近祭拜神灵和祖先了。

玉廪宫的保生大帝到东宫谒祖进香的日子在正月初四，是海沧的第一家；而当地农历七月初一的普渡节，石仓也是排在最前面。村里的老人家说，这是因为石仓当年是比较富强的一个自然村，在海沧的排位相当靠前。

民间传说

拆迁前的石仓社中心有一口古井，当地人称为“皇帝井”。其外表并没有与众不同的地方，传说是当年清朝宰相蔡新陪同乾隆皇帝下江南时，来到石仓，喝过这口井的水，连称甘甜，后人就把这口井叫“皇帝井”了。

蔡新是从漳浦县考上进士的，为官50载，劳苦功高，德高望重。其实，蔡新是出生在海沧的钟山村，稍大后随家人迁居到漳浦，投奔他的舅舅。蔡新小时候家境贫寒，经常会到石仓的亲戚家要些红薯、芋头，得些救济，所以为官后还会经常到石仓来。有一次，他和乾隆皇帝经过这里遇到下雨，就到村口的土地庵躲雨。蔡新随手将淋湿的宰相帽子套在土地爷神像头上。雨停要走时，那个帽子却怎么也取不下来，乾隆就说：“算了，这个帽子就赏给土地爷吧。”所以，闽南地区的土地爷神像与其他地方都不同，是头戴官帽的，据说就是从那时起改变形象的。

下江南途中，也有让他们吃惊的事情。有一天，蔡新陪同乾隆微服私访。他们来到龙海的紫泥，看到一户人家张灯结彩，喜气洋洋，好像正在办喜事。蔡新一算日子：“不对呀，今天不是结亲的好日子，这户人家难道不怕不吉利吗？”走近大门，他看到门上的对联：“皇帝宰相一起到此，不是好日也是好日”，不由大吃一惊，叹道：“民间自有高人在。”

蔡新当年从漳浦赶到省城参加会考，走到漳浦九龙岭的时候，肚中饥饿，正好看到路边小店一位老者正在卖汤圆。他觉得很奇怪，不是冬至节才吃汤圆吗？正要询问，那老者看他像个赶考的书生，就对他说：“你要去会考，我给你出个上联。你若对得出下联，去考试就会高中；若对不出来，那你就不用去了，肯定考不上。”那时，蔡新自恃有才，就说：“你随便出上联，我马上就给你对上。”老者不慌不忙出了上联：“九龙岭下日日汤圆”。蔡新一下傻眼了，哪有这样出题的？满腹学问却被考倒了。一直到天黑了，他都还没想出

拆迁前的石仓社李氏小宗

拆迁前的石仓玉麋宫

在安置小区兴港花园沿街店面安家的李氏家庙和玉廪宫

好对子。懊丧的他就信步走到六鳌海边对着大海叹气。明月下，海边那些讨海回来的大小渔船上灯火通明，渔民们正在庆祝好收成，喝酒猜拳，一片欢声笑语。蔡新猛然回醒，有了——“六鳌海上月月元宵”，这不是与“九龙岭下日日汤圆”是绝配的佳句吗？蔡新拜谢老者，高兴地奔赴省城会考，果然中举。

温厝村山后社民俗采访记

采访时间：2014 年 4 月 9 日　2014 年 4 月 25 日。

采访对象：苏氏理事会现任理事长苏国平、前任理事长苏荣昌、理事苏福成、理事蔡广生等。

苏氏源流

温厝社区山后自然村的历史非常悠久，从四世祖苏溥公于宋嘉定十三年（1220 年）登科进士，在山后定居并建立祖庙，至今已有将近 800 年的历史。

苏姓是中国大姓之一，汉武帝时期，苏建以校尉从大将军卫青攻击匈奴，因功封平陵侯。后为代郡太守，卒于官。苏建居于长安，而葬于武功。其后代遂家居封地，是为武功人。从此以后，苏氏子孙都尊崇武功，以名其籍。所有苏氏子孙，都称出自武功，武功成为苏姓的总派系。在山后村的老祠堂和二房祖厝的门楣上，挂着“武功”大字匾额。

福建的苏氏祖先在唐末随王潮入闽，世代为闽南望族。宋朝宰相苏颂1020年出生在同安芦山堂，是中国古代著名天文学家、天文机械制造家、药物学家。山后苏氏一世祖苏颐公，号碧溪，传闻是苏颂三代孙。

苏碧溪自幼在青礁慈济宫读书，因长相神俊，聪颖过人，深得白礁王白进士喜爱，遂将自己的爱女嫁给他。后来碧溪染病早逝，王婆太有孕在身，娘家劝其改嫁。她对娘家人说，我已有身孕，要“生男守男，生女守女”。娘家人拗不过，从此九年时间不与她往来。次年，王婆太生下儿子苏珪，苦心抚养，供儿子读书。后来，娘家舅舅在苏珪九岁时也来帮忙抚养。苏珪不负母亲重望，努力读书，终于考上进士，当上了奉直大夫。

苏珪的儿子苏竦，号庭仪，是苏家第二代进士，于宋庆元五年（1199年）登科，官至肇庆府推司。后娶青礁颜唐臣之女为妻，生子苏溥。

苏溥号渊夫，是宋嘉定十三年（1220年）庚辰科进士，官至福州府签判。至此，王婆太守寡守出三代三进士，声名远扬。王婆太高寿八十七，无疾而终。

苏溥功成名就后，在山后买地建屋，建立祠堂；朝廷也在这里为王婆太建立节义牌坊，建起进士第，竖起石旗杆，钦赐“父子进士”牌匾高挂在祠堂梁上，可惜牌匾在“文化大革命”时期被损毁了。

苏溥公生大儿子苏椿和二儿子苏朴，分别是苏氏祖先的大房和二房。

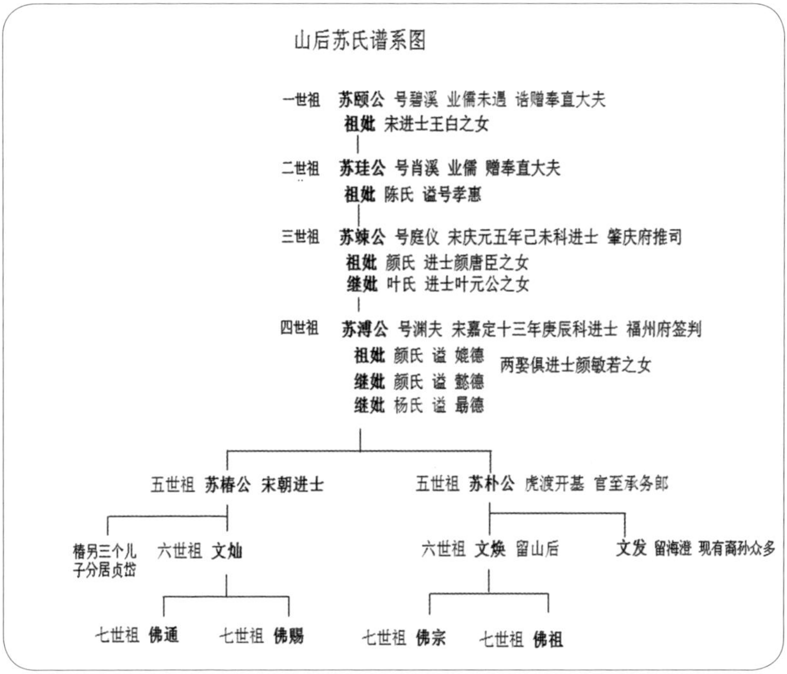

山后社苏氏谱系图

苏椿也考上进士，生四个儿子，三个儿子分居东孚贞岱，大儿子苏文灿留在山后，后官至国子监，为十三太保。苏文灿生子佛通和佛赐。

苏朴官至承务郎，生儿子苏文焕后，迁海澄虎渡，是虎渡苏氏开基祖，续娶何氏后生子文发，后代人数众多。苏文焕生儿子佛宗和佛祖留山后，自己又迁到贞岱生八郎、九郎。

佛通、佛赐、佛宗、佛祖四人为山后苏氏七世祖，现居山后的均为他们的后代。由于山后苏氏族谱在“文化大革命”期间被焚毁，七世祖以后的记录就比较模糊了。

苏氏祠堂和祖厝

苏氏祖庙称孝慈堂，建在村东小山坡上，坐西朝东，面向海沧野生动物园，是一座横排三间前后两殿中间天井的石条砖木建筑。庙前一口古井，水质清澈。庙后古木参天，现在还有多棵树龄百年以上的大树。据介绍，以前祖庙的左右两边都各有一块巨石，人称钟鼓石，形象非常逼真。据风水师说，这里是钟鼓石的风水穴，非常难得。以前，祖庙前还立着石旗杆和重修碑。当年海沧公社修建京口大堤时，这些钟鼓石、旗杆、石碑都被敲碎运去填海做坝了。

香案上的蝙蝠木雕

由于建造年代久远，“文化大革命”期间又被挪作他用，祖庙破损严重。前殿及右边厢房曾经被台风吹倒，后来用一组石块垒砌成柱子顶住横梁，简单修复好的祖庙，依旧为村民带来吉祥。

“美丽厦门共同缔造”的春风

孝慈堂旧貌

重修后的二房家庙

吹到山后村后，祖庙的翻修工程开始启动。拆下来的大木梁、木斗拱、立柱和立柱基石，都被村民清扫干净，抬到附近家中的大厅存放。堆放在墙边直径 30 多厘米的大杉木主梁，正中用金色彩笔画着八卦图，两边各有一行小字："子孙昌盛、科甲联登"。文字讲述了 800 年前父子进士的辉煌，喻示着苏氏后代兴旺发达。大家都期待一座重新修建、修旧如旧的苏氏祠堂能给山后的村民带来吉祥和安康。

苏氏大房的家庙以前是在北面山坡上，早年倒塌后因无钱修复，年代久了，也就荒废了。大家祭祀祖先都还是到孝祠堂举行祭拜仪式。二房家庙在村子中心，原来也是相当破旧，现存的是 2006 年重修的。

苏氏祖墓

苏氏祖墓原先是在海沧田厝居（现海沧农场）的伏鼎金（地名），是一对前后排列的草墓，未立墓碑。村里老人家都认定这是一世祖苏颐公和王婆太的合葬墓，年年来这里扫墓、祭拜祖先。

1990 年，山后苏氏理事会的众理事一起来到伏鼎金，经过卜茭确认后，将这两座祖墓迁到了山后大观尖山上（亦称京口岩山）。从那时起，每年农历十月二十三，除了本村的苏氏子弟，海澄、青礁、贞岱，还有广东及海外各地的苏氏后裔都会一起来这边祭祖，场面十分壮观。

大观岩寺

山后的大观尖山上（也称“京口岩山”）的大观岩寺，始建于明朝万历年间，与蔡尖尾山的石峰岩寺、田厝居后山上的云顶岩寺并称“三都三大寺”。由于年久失修，大观岩寺一度荒废。

传说，在“文化大革命”后期，山后有一位村民因患事到山上躲避，在半山遇见一个白衣女子引路，披荆棘、钻树丛，来到废弃的大观岩寺旧址藏身，他一藏就是一个多月，直到事毕才下山，而后居然柳暗花明，不但无事，还结局美满。这位村民感谢观音菩萨的大恩大德，于是自备了一张小供桌，买了小香炉，放在山上寺院旧址的空地上，每月上山朝拜。渐渐地，来这里朝拜的信众多了起来。

1997 年，在各村的信众支持倡议下，在原址重新修建了大观岩寺。当时是有钱的出钱，有力的出力，全社男女老少都自带锄头箩筐等工具到山上的工地帮忙，而且一分钱的报酬都不要。土建完成后，理事们主持了庙里的装修工程，还请专门人员每天上山看庙护庙。

大观岩寺

寺庙供奉的主神是观世音菩萨，还供奉三宝佛、韦陀佛、十八罗汉等。据说，本寺庙的神灵相当灵验。早年，龙海九冬村有个信徒为祈求神灵保佑他儿子能考上大学，特意从龙海跑过来祭拜观音菩萨，后来果然考上了。九冬村的男女信徒们被他影响，也就经常过来大观岩寺进香拜佛，以求平安和顺利。

在南安办厂的一位中国台湾商人，有一天在梦中听到有人跟他说，厦门有个大观岩寺很灵验，醒来后问大家，但大家都不知道这个寺庙在哪里。于是，他就到处打听，终于在海沧大观岩山上被他找到了。从此，这位台商每个月都来这边拜佛，生意也越做越好。

每年的农历九月十九观音生日，大观岩寺都举办法会，周边地区的信众都会来参加，庙里热闹极了，光添油的香资都会收到一两万元钱。

大观庵

山后社的村口一进去，就可以看到一座小庙宇，这就是大观庵。

大观庵的历史也是很久远的。以前，山后社与石仓社在地理上是连在一起的，两社共有的庙宇在高厝顶（地名），供奉着观音佛祖和保生大帝。传说，后来两社分开，菩萨也要分开供奉，于是大家在一起抓阄。山后人抓阄得到了观音佛祖，保生大帝就留在石仓社了。

那时，山后自然村的旁边就是大海，涨潮时海水一直会涨到村口。村口的海边有一片大大小小的石头，中间一块大石头特别大，也特别高。大潮时，旁边的石头都被淹没了，就留中间那块石头屹然挺立，仿佛莲花一般，故称“莲花穴”。那时，村边空了一块地方，村民们就在莲花穴海边上建起了大观庵，正好把空的地方补上，把村庄围了起来，观音菩萨在这里可以更好地保佑村里的百姓了。

大观庵外景

最初建大观庵的年代现在也很难考证了，从庙门旁边一根石柱上字迹模糊的刻字“苏思舜舍石柱一对”可以看出，这座大观庵的历史也有几百年了。

现在的大观庵是1987年重新翻修建，2008年又重新装修了。1959年，一场特大台风，把右厢房推倒，而左厢房供奉的是城隍爷，当时堆放着生产队的化肥，由于城隍爷的权威，左厢房却没事。后来重新修建的时候，就把左右厢房的内墙拿掉，整个大厅就宽敞了许多，众人供奉各位神灵也更方便了。

大观庵庙前的大坪，是社里祭拜神灵举行各种仪式的重要场所。

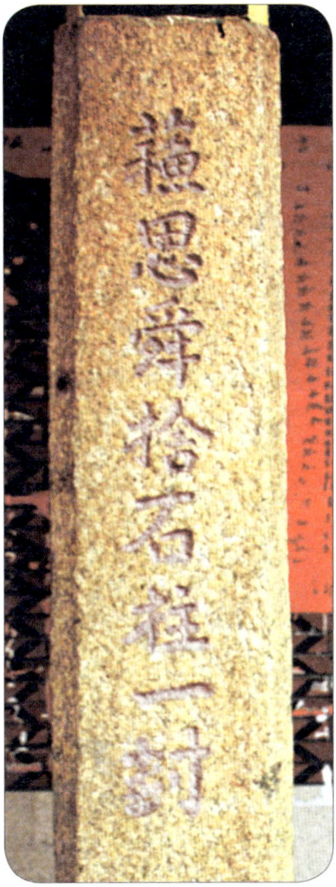

石柱上的刻字

凤山宫

山后村中心有一座单间的小庙宇，就是供奉广泽尊王的凤山宫。从门柱上一副手写的楹联“广基凤山天下尊，泽亲后代万年王”。可以看出，这里是当地村民宗教信仰的重要场所。本地人相传，当年祖宗就是背着尊王雕像来到山后开基立业，说这里的水留到哪里，后代子孙就繁衍到哪里。

每年的农历八月二十二，是村里广泽尊王信众们到南安凤山宫祖宫谒祖进香的日子。以前，由于路途遥远，大家挑着请香担子，撑着竹拐杖，一路步行到南安，来回需要三四天的时间。后来，公路通车了，就坐公交车去，但也需要两天时间。现在生活水平比较高了，很多人自己买了小车，大家一起搭乘，当天就可以来回了。

凤山宫外景

进香的前几天晚上，村里的戏台就开始上演芗剧。农历八月二十一日刚入夜，在大观庵前的大坪上，就开始进行各种进香前的仪式，村民里三层外三层挤在一起，观看由本村一个乩童的热锅泼油、赤脚过火表演，庙会的各位正副主会跪拜叩首，一直热闹到深夜。第二天一早，浩浩荡荡的进香车队开往南安祖宫谒祖请香。当天下午，车队回到海沧。全村雇请的20多支乐队、大鼓吹、舞狮舞龙队，都到兴港路出口加工区附近迎接进香队伍，又是一路吹吹打打，风风光光地游行回到村里大观庵前。待请回来的香火送到凤山宫，各个乐队轮番表演完毕后，大家才逐渐散去。

龙舟赛

山后自然村以前就在海边，围海造田前，这里每年也经常举办龙舟比赛，那是与友好村社渐美村进行的友谊赛。比赛的龙舟和划船用具都是由渐美村提供，比赛地点就在大观庵附近的海面上。当时的比赛规则也很有意思，每次比赛都要让对方胜一场，赛后大家欢喜而归。渐美村大部分村民都姓许，而以前的苏、许、连、周四姓据说本是一家人，所以关系特别友好。

美丽山后，共同缔造

山后社在政府的支持下，紧鼓密锣地在全社范围进行美丽家园的建设工作，村社的面貌会有较大的改观。

村民在修建厝边小花园

【祭王婆太辞】

各位宗亲：

今天，我们一起祭我们的祖婆太、王婆太。王婆太是当地一个叫王白的进士的女儿，她与我们的开基祖苏宋杰公成婚后。宋杰公早逝，王婆太有孕在身，娘劝其改嫁，她指着孕腹说："生男守男，生女守女。"娘家九年不与她来往。王婆太生下儿子苏珪，苦心抚养，供儿子读书，直到苏珪登上进士当上奉直大夫。

苏珪生下儿子苏竦，苏竦又登进士。

苏竦又生儿子苏溥，苏溥再登进士。

至此，创下苏家"三代三进士"的奇迹。王婆太从21岁守寡至85岁，守出"三代三进士"，也是世间少有的。王婆太的精神得到当时普遍的称颂，大家还送她"节义夫人"称号，皇帝也为她立碑。

今天，我们当中有很多来自海澄的族亲，那是因为王婆太的曾孙子苏溥生的两个儿子，一个叫苏椿，一个叫苏朴。苏朴就是龙海海澄的开基人。

我们都怀着一颗感激的心，感激王婆太当年的坚贞、顽强。没有她，就没有我们这些人！我们要向我们的祖先王婆太学习，坚贞、顽强地把我们苏氏的血脉千秋万代地传下去，把我们的后代都培养成对国家民族有用的人才，为苏氏争光！

这就是我们每年祭祖祭王婆太的目的。

永定苏氏22代　鼓浪湾中国老蚕起草

2008年10月23日

【四十字谱】

四十字谱是苏氏青礁支派的独特创作，它以字谱的顺序供给族人以世命名，直接体现族人的世称关系。最早以贞岱历代的祖先的世系编起，每字起一世，编成四句二十字。据传，道光年间，本派的族人同安奥头苏延玉，官刑部主事，奉旨巡抚粤闽两省，于虎渡祭祖时依照长辈族亲提议，毅然续编四句二十字，合为四十字谱，相传至今，很多族人取名还经常应用四十字谱。四十字谱列后：

1	2	3	4	5	6	7	8	9	10
文	佛	郎	言	五	十	乾	启	国	崇
发 焕	宗 祖	八	正	秉	六	毓	盛	靖	实
11	12	13	14	15	16	17	18	19	20
潜	惟	恒	允	用	奕	世	振	家	风
锡	鸾			顺 辅	培				
21	22	23	24	25	26	27	28	29	30
孝	友	承	宗	志	诗	书	迪	俊	英
31	32	33	34	35	36	37	38	39	40
伯	仲	和	叔	季	科	甲	永	联	登

温厝村长园社、萧坑社民俗采访记

采访时间：2014 年 7 月 15 日—2014 年 8 月 4 日。

采访对象：长园社李忠成（原温厝村支委、民兵副营长，68 岁）。萧坑社萧亚来、萧和平兄弟。

村庄概况

长园、萧坑两个小自然村位于温厝村的西南部，隔着角嵩路与马垅社相望，两社的村民组成温厝村的第二居民小组。他们的西面是锦里村的草仔尾自然村，这 3 个自然村已经于 2003 年完成了拆迁。村民大部分安排在兴港花园，这边的土地上则建起来众达钢铁厂和明达塑胶厂。

长园社人口相对比较多，有130多人，社里各种姓氏都有，如李姓、苏姓、柯姓、萧姓、林姓等。姓林的相对多一些。中华人民共和国成立前这里还有一个小社，叫李厝社，几户人家都姓李。社里有一座李氏祖庙，年久失修，渐渐倒塌。老人还记得，小时候到旧祖庙玩，断墙犹在、屋顶却已经缺损。因社小人少，无力重修，就荒废了。后来李厝并入了长园社。

萧坑社人口虽不是很多，只有70多人，大家都姓萧，但是这里的萧姓人家与附近各村的萧氏并没有关联。萧坑的太祖是从河南迁徙而来，到萧坑后生了三房兄弟，现在三房都有裔孙传世。村社在拆迁之前就有一座早年修建的萧氏宗祠，称念德堂。现在，萧氏宗祠也跟随拆迁户在兴港花园安了家。

宗教信仰

长园、萧坑两个社虽然小，但村民们的信仰热情一点不比其他村庄的低。

仙祖庵外景

长园社搬迁之前就有一座仙祖庵，后来经过几番周折，也在兴港花园找到沿街店面找到房子安了家。仙祖庵主祀5位仙祖，神龛上位列正中的是全真道祖师吕洞宾，其左手是关帝爷、清水祖师，右手是华佗和祖师公，香案上还供奉着一尊虎爷，左右两侧的香案上还有几尊神仙，真如他们自己戏称："庙不大，神仙不少。"

萧坑社的珠山宫（又称佛祖庵），也和仙祖庵、萧氏宗祠一起搬迁到兴港花园的新家。这里的沿街店面有一排连续三间的店面，从左到右依次是仙祖庵、珠山宫、萧氏宗祠，由两社村民捐资进行了装修，宫庙显得端庄大方。

珠山宫主祀佛祖如来，还供奉着观音菩萨、哪吒太子、太上老君等神灵。据老人家说，这两座庙宇的神灵都非常灵验，村民们每逢初一和十五，清早洗漱完毕，第一件事就是捧着香烛供品来到庙里上香。每年的菩萨生日、纪念日，都要请戏班子过来唱几天戏。

想起当年刚刚搬迁时，因为还没找到新的庙址，神像暂时留在旧庙，后来各尊神像居然失踪，老人家们都唏嘘不已。有人统计，2003—2005 年的三年时间里，200 多人的两社人口，就有 14 人过世，其中只有 1/3 是终老而去。后来经过大家四处寻找，好不容易在渐美村芦坑社的一处空房找到神像，经过二组组长萧和平和诸位热心人士的多番努力，在小区店面建成新庙，终于让神灵顺利落户新家。众神灵安位妥当以后，两社村民的生活也逐渐走上了正轨，至今已过去多年，但再也没有此类事件继续发生。老人家说起这件事情，至今仍然感慨万分。

并排而列的三座宫庙堂

第二节 历史名人和人物访谈录

文旦族人

温文旦家族原籍山西太原郡，温氏先人由外地迁居漳州海澄三都温厝开基，生三子：大房住温厝赤石，二房住温厝过田，三房住温厝河顶。传至文旦其父已是第 20 世。由于温氏族谱在“文化大革命”期间已烧毁，从第 1 世到第 19 世，形成断代，至今难以续谱，甚为痛惜。现温厝村河尾建有温氏宗祠。其母陈娴娘，系海沧钟山村人氏。活水与娴娘育有三子，即长子文柚，次子文旦，三子文理。

温家早期生活窘迫，五口人挤住在三间瓦房里，每间瓦房只有约七块瓦片的宽度，分别为卧室、客厅和厨房。

文旦出国

1880 年一天中午，回故乡漳州海澄三都温厝村廖坑社探亲的梁某，欲从赤石社大河码头搭船去厦门转坐火船回南洋。时值海水退潮，船只无法停靠码头，梁某只好作罢，找到好友活水家，要口水喝，借歇片刻，待涨潮后再出行。

两人交谈中，活水向梁道出了温家的当时清贫：因家里经济拮据，不但他结婚时未宴请亲戚朋友，而且三个儿子周岁时，也未按族规于冬至在温厝河尾宗祠内宴请众亲戚，甚是汗颜。一家人生活困顿，找不到谋生的出路，期望梁某能帮他一把。

当时梁某在南洋闯荡多年，业有所成，家境富裕。梁某让活水叫来家中小孩，当时文柚 18 岁、文旦 16 岁、文理 14 岁，三人一字排开站在梁面前。梁某相得文旦虎头虎脑，双眼炯炯有神，料定将来经栽培必有建树，心里甚是满意。于是，建议友人将文旦交于他带去南洋去闯荡。

随后，文旦就这样跟随梁到了马来西亚的槟榔屿，开始了他一生的奋斗历程。

南洋打拼

文旦来到南洋后，在梁某的商铺里当起了伙计。因为脑子灵活，干活卖力，他深得梁某的喜欢，并把他当成自家人对待。

据老宗亲温颜庆安回忆，当他还是小孩时，听老人说过，文旦从一个伙计到成为一名成功商人，具有一定的传奇色彩，其转折和一场大火有关。

梁某早期经营胡椒业，通过多年打拼和积累，事业亨达，颇具规模。文旦来到南洋时，他已经拥有10多间大大小小的沿街店铺和两间仓库。

但是，不幸突然降临了。

一天，梁的店铺突发大火，因为所有店面和仓库均为木质结构，几次将火扑灭又重新燃起，连续烧了三天。梁某看着烧得只剩下最后的两间仓库，彻底绝望了，喊来文旦，让他拿上仓库钥匙，带人抢运仓库里的物资。此时，离奇的事情发生了。当文旦来到仓库前，熊熊大火竟然自行熄灭了，这一幕震惊了所有在现场观看的人。梁由此感叹“天要绝我，天助文旦”，毅然将剩下的两间仓库赠予文旦。

文旦接手后，重振旗鼓，继承和发展了梁的胡椒业，并在后期从印度引进树胶，广为种植。经过他多年的苦心经营，胡椒业和树胶业蒸蒸日上，收益颇丰，家业鼎盛，逐渐成为槟榔屿的一方巨贾，并为温家的发展奠定了基础。

后来，文旦感念梁的知遇之恩，尊称梁为廖坑公，并要求温家在廖坑公去世后，每年他的忌日都按自家祖先一样祭拜，长此以往，从不间断。中国赤石的文旦后人也按此要求祭拜廖坑公。

业成归来

文旦在南洋发达后，立即回家乡花巨资购置大量田亩用于建屋和耕种。

他先后在原来老屋东北角置地建起两落大厝，西面建起一排护厝，西北面建起读书亭和厨房，整体布局为坐北朝南，背山、面水、向阳。住宅建在北靠山，视野宽广，青山绿水回绕的地方，形成赏心悦目的自然景观和人文景观，有利于安居乐业。

耕种的田亩主要分布在门口大河至宁坑社一带。

传说，起厝时还发生了一件不愉快的事，因西北面建读书亭的宅基地与接壤的魏厝宅基地交叉重叠，为了能够顺利完工，当时文旦还与魏厝的老丈人发生了口角，因此岳婿生缝。由此可见文旦维护温家利益的决心。

该大厝建成后，分给其兄弟文柚、文理及自己的儿子开藩三家居住。

因为起第一落大厝时，剩余材料较多，又在大厝东边建起一栋两落厝，供钟山村外公家的亲戚当管家和长工的一家人居住，并将其陈姓改为温姓，分别为宗索、宗乾和宗坤。

文旦婚育

文旦一生共娶三房妻子。长房为当地马来人领养华裔的女子，姓氏生卒不详，但这门亲事未得到其父活水的认可。二房魏恭淑，为赤石社邻居魏家的千金，立为正室，她在1921年回赤石社参加公公活水葬礼一个月后去世。三房是广东人氏，姓氏生卒不详，是魏恭淑去世后再迎娶的自家婢女。

文旦与长房育有一子，因为是旧时被闽人称为“番婆”所生，所以取名开番，被送回赤石抚养，长大后在赤石持家。

文旦与二房魏恭淑共生养四子三女，四子分别为开封、开西、开明和开强，三女分别为秋冬、秋艳、秋乘。

文旦为了家族共同兴旺发达，果断做出了一个让族人赞许的决定，将自己亲生的三子开西过继给其兄文柚，四子开明过继给其弟文理，正好文柚、文旦、文理兄弟三人均有三个儿子，但只是形式的过继。开西和开明一直呆在槟榔屿，并由文旦一手培养长大成人，其意是兄弟共享致富成果，光耀门楣。

其兄文柚生开南、开北，开南生宗声、宗响，过嗣子颜庆安，开北早卒。其弟文理生开中、开进，开中生宗墉、过嗣子宗海，文旦长子开藩过嗣子宗祺、宗寿，生有两女薏仁、薏米。

文旦三房广东氏，主要负责照顾文旦晚年的生活起居，未育子女。

文旦于1930年去世，葬于马来西亚槟城。

后起新秀

温文旦先生

文旦在南洋的四子皆学有所长。

长子温开封，毕业于槟城大英义学，随即去美国完成高等教育，获得麻省理工学院的化学工程科学硕士。去世前，他任新加坡化学制造有限公司总经理。开封曾在陈嘉庚开办的橡胶厂担任总经理，并娶陈嘉庚第四女陈秀满为妻。

次子温开西在槟城英华学校接受教育，继承父业，1953年退休。他热心公益，1940年曾代表槟城树胶公会赞助武汉合唱团的演出。

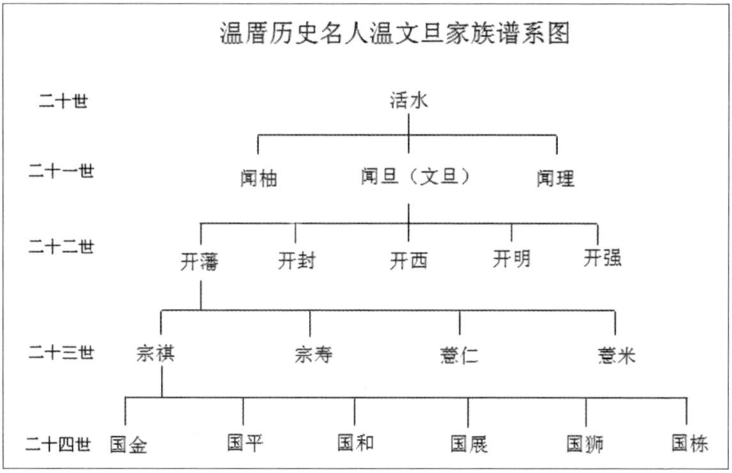

温文旦家族谱系图

三子温开明在槟城大英义学接受教育，1927 年获英女王奖学金赴剑桥求学，1930 年获得机械科学学位，成为马来亚第一个本土机械工程师。随后加入吉隆坡和怡保的采矿业，直至 1958 年退休。1976 年时在剑桥唐宁学院设立赤石信托基金，名字即来自于其祖籍地，1992 年去世。

四子温开强先后在槟城义学和莱佛士学院接受教育，毕业后历任新加坡治安法庭助理、遗产税署理专员、财政部常务秘书等职。

【明代三都四大进士之一——温如璋】

温如璋（1561—1608 年），字孚德，海澄县三都人（今海沧温厝）明朝万历己丑年（1589 年）进士。《海澄县志》记载："初授贵溪令，有治声，丁辛服阕。补霍邱，甫至境，捕盗魁数百人，悉诛之。岁大疫，捐俸施药，所活甚伙，招歹逃亡六百余家，俾复旧业。行取拜广西道御史，其在豸道，多所匡济。出视两浙醝政，宿弊顿清。海宁陈某，挟持其父威，狠噬乡曲。如璋逮治之，多方营救不能脱。嗣按东土，惠威双驰。税监马堂，暴横所部。如璋疏纠甚力，珰为气缩，事竣还里。奉命按吴，行有期矣，病疮而卒。”

温如璋官至广西道御史、山东巡按等职，《明神宗实录》均有他履职弹劾渎职官员的记载。温如璋与后井的周起元、东屿的柯挺和卢坑的谢宗泽并称明朝海澄县三都四大进士。其中，谢宗泽是江西参政，柯挺是提学御史，周起元是江苏巡抚，佥都御史，明末后七君子之一。温如璋和柯挺、周起元三人均当过道御史，《海澄县志》评价三人刚正不阿，清正廉明。

温如璋其父温必充，朝廷因温如璋为官一方，政绩彰显，授“以子如璋赠广西御史祀乡贤”

1608 年，温如璋告假还乡，受妹夫颜应蔡请托为海沧《青礁颜氏族谱》写了序言，其在文中交待了他的履职情况。为了考证青礁颜氏根源的来龙去脉，调阅了《海澄县志》一一比对，做事之严谨，文风之中肯，让世人叹为观止。

《青礁颜氏族谱》序言全文录如下 :

不佞，束鬓学语，时已习知，乡有青礁颜氏矣，其先父行所与我温称也讲也者。

顾余在经生则业经生，登仕版则生业任，凡乡先生祀于社者，无暇考以故阐幽景行。缺然若有待也。及以中执法，出榷两浙盐荚。甫报政，奉旨按山以东。观风海上，徘徊邹鲁之墟。孔颜遗址，依稀在焉。升堂闻礼，备尝其家世源流。乃知海内之颜，通称鲁国，意在兹乎。事竣告归，故人慰藉，屦满户外。文学熙吾，颜君应蔡，余女弟夫也，携其家谱来言曰 : 吾家也，有谱纪先人之遗行，萃百代之孙支，所以信今而传不朽也。颜传自宋，几废复。伯兄文粹，惧其修而复废也，不揣重修之。宗叔左史廷榘，考订而润饰之，虽成帙足观。然非借名公言，恐无以垂不朽。敢以序请。

余受之。再三展玩，因叹。颜氏之世德家声，业已表闾，而光简策。今执是，而参之志乘，与畴昔所闻父师之言，合若持券。夫颜之授姓，自小邾始，子渊其最著者乎。汉唐以降，若延之文章，孔归之博雅，文忠常山之忠节，其人多卓磊足称。

青樵之颜，不必远溯其宗，观其肇于归德，迁于青焦者，广文公讳愷，以文学名。嗣后，若三敏，以歹清甫诸公，德业誉望，辉映绣青，代有升降，家无盛衰。颜氏其有后乎。今圣天子方右文，而文学诸君，复彬彬辈出，云蒸龙变。非难也，脱颖之锥，起于露锋。谁谓庆历以后，独与文忠媲美哉。

古者省方之使，所至郡国，每遇名公硕辅，必为之式闾表宅，以风励一世，而作之趋，矧桑梓之邦。若朴庵诸公之文章，道德廉节忠贞，史书之，学官崇之。

不佞，何敢让焉。惟是本支世派，靡有益丘之疑，济美文左史桃陵君，吝极伦次之雅。

不佞，将何言以传不朽。亦日：尔颜氏才薮也，标金赐紫。皆诸君饶为事，然先得者，则于君家，夸白着（省）诸君最哉。余且拭目俟。命侍子书，以报熙吾君，而附谱端首。

万历岁在戊申四月上浣之吉

赐进士第。广两道巡按南直隶山东两浙等处，监察御史。眷生温如璋拜撰。

令人叹惜的是，1608 年温如璋写完该篇序言后，他在奉旨按吴的路上病逝。

温氏家庙总宗嗣垂裕堂的大门上，隽刻着一幅对联“效忠晋室家声远，按治越邦政绩彰”。其中下联“按治越邦政绩彰”对他进行了极高的评价。

采访温厝村老人会程乌老会长

采访时间：2014 年 3 月 13 日—2014 年 4 月 2 日。

采访对象：程乌老会长。

中华人民共和国成立前的贫困生活

程乌出生于 1931 年，父辈早期从安溪迁到厦门。1938 年为躲避日本入侵，他跟着父亲逃到海沧温厝村。那时父亲给人帮工，他从小就为村里的富农放牛。1939 年，海沧瘟疫爆发，由于缺医少药，病人得不到救治，附近各村死了很多人，其父亲也不幸染病去世。那时，程乌的母亲住在岛内，8 岁的程乌一人生活得更加艰难。稍大一些，他就去给人帮工，直到中华人民共和国成立，生活才有了改善。

中华人民共和国成立前温厝村叫温厝保，原先保长是郭志远，当了不长时间就由温红员接任。温红员在抗日时期曾组织村民拿起大刀梭镖抗击日寇，在温厝有一定的威信。内战时期，国民党统治下的海澄县政府每年都要分派温厝保好几个壮丁名额，本地人都躲壮丁去了，温厝的保丁只好抓了在温厝帮工的外地人去当壮丁。中华人民共和国成立后政府追查责任，追查到当时的保长温红员。1950 年，他被逮捕判刑，后来因病保外就医，回村后没多久就病死了。

中华人民共和国成立初期的农会工作

1949 年海沧解放后，各村都成立农会。当时温厝的农会主席周振亮是以前的甲长，还是国民党员，政府派来的工作组很快就发现了农会队伍不纯洁，及时组织温厝农民进行改选。当时，温乌宙选上了农会主席，同时担任村长的职务。

在 1951 年的“土改”中，农民们都分到了一些土地。当时水田每人分了八分地，旱田每人一亩半。分田的时候，在各个地头插上标签，然后大家坐下来抽签，抽到哪块就是哪块。村里还留一些机动土地，让那些劳力多的、有能力的来承租，但要按比例多交公粮。

温厝村的第一个党支部是1954年成立的。1952年，程乌去接回了村里的第一个共产党员——复员军人李达忠同志。他是早年当兵，参加了抗日战争，后来参加了人民解放军，并在部队入了党。在他的努力下，温厝村陆续发展了几个党员，如当时的妇女会主席沈文、妇女委员温抱治。程乌也于1958年3月光荣加入了中国共产党。他们那时是第四批申请入党，一共是5个人。党支部审查很严格，因为其堂叔被评为富农，对他的申请有一定的影响，时间拖了很久，最后终于获得通过。而其他4人则没有那么幸运，没有在第四批获得通过。

中华人民共和国成立后，为了提高村民的文化水平，政府开展了扫盲运动，陆续在村里开办了夜校和民校。程乌于1951年参加了民校的学习，终于摘掉了文盲的帽子。

中华人民共和国成立初期，百业待兴，政府有很多工作需要民众的支持。那时，各村都抽调了不少劳力参加鹰厦铁路、漳州机场、江西机场、坂头水库、杏林工业区的建设。光是鹰厦铁路，温厝村就抽调了100多位壮劳力前往参加大会战。这样，村里留下的劳力就很少了，很多田地无法耕种。于是，从1952年起，大家自发地组织了互助组，几户、十几户，各家自由结合，互相帮忙，解决了不少生产难题。那时，大家白天干活，晚上还得聚在一起评工分。当时，大家的觉悟都不高，评工分的时候分分计较，半个分值都得吵个几小时，有时评完工分天就亮了。由于劳动力较少，晚上经常在田头点起汽灯加班干活。有时干活太累，大家在田边休息时就会歪倒睡着了。

合作社时期

1955年年底，村里办起了农业合作社（初级社），同时村里还办起了信用合作社，程乌被选为信用社主任。村民参加信用社都以入股为主，2 元钱一股，每股还要交 1 角钱办信用社的本本。当时，由于资金有限，他们就充分发动群众将余款存入信用社，大家遵守“存款志愿，取款自由、保守存款户秘密”的原则，借款必须遵守“有借有还，再借不难”的规定，确保信用社资金的安全周转。由于坚持原则，严格控制，信用社在当时农业生产和村民生活中发挥了重要的作用。那时在工作过程中，有的时候因为信用社存款较少，无法满足大家都想借钱的要求，一些村民不理解，还好上级领导能体谅他的委屈，信用社的工作得到了充分肯定。

1956 年，初级社成立半年后转为高级社，社长是林亚兵，政治社长由工作组的女组长兼任（原组长李达忠那年调走了）。由于程乌不怕吃苦，勤奋劳动，那些年在村里算是发展最好的。全套耕作的农具如犁、耙等都置办齐全，还养了一头牛。那时的耕地都在较远的地方，有的在洪坑（现海沧农场）那边，挑一担粪肥到田里，七弯八绕要一个多小时，于是他又买了一辆牛车。虽然工具简陋，用来送肥收粮却方便了许多。此事在整个海沧引起了轰动。

人民公社时期及改革开放后退休

1958 年，成立人民公社，土地都收回到集体，海沧公社实行了“一平二调”政策。各个大队在外村的插花地（飞地）都就近划分到附近的大队，温厝大队在洪坑的大片土地划给了新成立的海沧农场，大家种田就不用跑那么远了。有一段时间，海沧公社分为 4 个小公社：温厝、渐美、钟山一起，叫“渐美公社”；锦里、后井、贞庵一起叫“锦里公社”；还有海沧、青礁、囷瑶一个；东屿、石塘、吴冠一个。到 1964 年，这 4 个小公社又合为一个大公社了。

那时，温厝大队的生产在海沧算是很不错的，交公粮、卖余粮，每年都能完成国家下达的任务，还办起了一些大队企业，如碾米厂、榨油厂、壳灰厂、农具厂、打铁厂、锯木厂等，以及一些副业队，如水产养殖、养猪场、果林队，改善了社员们的生活，增加了大家的收入。

那几年，温厝大队的人口逐渐增多，生产队也从12个增加到15个，马垅社1队，长园社2队，宁坑社3队、4队，赤石社5队，温厝社由原来的3个队分成6个队，三个角落都各有2个队，上厝角落6队、7队，靠东的河尾角落为8队、9队，河顶角落是10队、11队，12、13队在宁店社，石仓社14队，山后社是15队。后来行政变迁，大队改行政村，行政村改社区居委会，生产队也改成村民小组和居民小组，但小组数量和番号还是保持不变，沿用至今。

改革开放后，村里的土地就全部分给个人承包，促进了大家的生产积极性，农副业收入增加了，生活水平也逐渐提高了。1987年，程乌卸掉了村支部副书记的担子，承包了100亩水塘养殖对虾，可能由于种苗原因和经验不足，养殖不是很成功，到最后结算时，收支基本平衡。

建设北宫

1994年农历二月初十，温厝、宁坑、赤石、马垅、萧坑、长园等几个自然村的热心人聚集开会，邀请程乌去参加，说是要谈筹建北宫的事情，虽然程乌对这件事情没有兴趣，大家却一直要他去。到达会场后，大家就要推选他担任慈济北宫筹建小组组长，他连连摆手说不行。他说:“我是共产党员，是讲唯物论，不是讲唯心论的，你们选一个普通老百姓来做组长更合适。”

这时有人提议用古老的卜爻方式来决定哪个人来当组长，经过几轮紧张的卜爻，最终还是程乌得到的爻数最多，这下他就无法推辞了。

筹建初期的工作千头万绪，宫庙要建多大，钱要花多少，钱是个人出资还是大家分担，钱由谁来管，出纳会计谁来当……这些问题都要一个个解决。有人建议，在场的每人先出 500 元作为启动资金，当时就有不少人打起退堂鼓走人了。程乌先拿出了 500 元，说大家可以根据自家情况，富裕的就多出一些，钱少的出 200 元也可以。这个办法得到了大家的支持，当天就有 25 人同意以这种方式筹款来开始建庙。

当时设想的宫庙规模就是要把前、中、后三殿都一起建起来，但经过卜爻，没有获得神灵的同意。神灵只同意先建中殿。那年，有个中国台湾人在温厝社租地搭篷、雇工雕刻神像，名字叫林德胜，是个师公（道士），他自告奋勇要帮助建庙。于是，中殿的土建部分开始动工。他自己画图，雇工挖基坑、做地梁、垒围墙。围墙离屋顶还有 1.8 米的时候停工了一段时间。后来盖好屋顶，大家发现怎么是圆球形的屋顶？有人说像个“臭头”，有人说是乌龟盖，都觉得不好看。这时却听说林德胜出了什么事，人都找不到了。大家只好再找了个东孚的建筑商，叫陈金伙，经过讨价还价，陈金伙最终答应最低价格 7 万元来做这个屋顶。他从外地买了 3 根加长的大木料，重新在圆屋顶上面再做一个飞檐翘角的中式庙宇屋顶，建好后从远处看，确实比圆屋顶漂亮了许多。

1995 年，筹建小组改为慈济北宫理事会，各项工作逐步走向正轨。

20 多年来，经过各方有识之士的大力支持、赞助，慈济北宫才逐渐有了现在的规模。

温厝社温炳旭老人采访记

采访时间：2015 年 4 月 16 日
采访对象：温炳旭老人。

温炳旭老人今年已经 81 岁了，村庄拆迁后，他搬到了海沧生活区的文圃花园来住。他身体硬朗，耳聪目明，回忆起往事，如数家珍般娓娓道来，思绪相当清晰。他收集的资料井井有条，采访中需要佐证什么，他就进里屋拿出一个文件袋，随手就能抽出。

温炳旭 1934 年出生，是家里的老大。他 4 岁时就跟着父母亲到越南谋生。1947 年，13 岁的他连同在越南出生的两个弟弟和两个妹妹跟着父母回国，回到温厝老家。读完两年高小，恰遇中华人民共和国成立，分了田地，开始务农，晚上义务教民校（夜校）。1958 年，他幸运地走上工作岗位，先后在海沧、灌口、东孚等地的农村基层单位和农业银行任职。那时，公职人员每年还要参加生产队劳动 200 天，并由生产队长在他的劳动手册上签字确认。1994 年，他退休后就一直住在温厝村，直到前几年搬迁到文圃花园。

温炳旭老人年轻时对温氏家族的历史不是很清楚，只知道自己父亲和祖父的名字，曾祖父以上的名字就不知道了。但是在 1979 年温炳旭的父亲去世后，他在整理父亲遗物时发现木箱底有一张图，仔细一看，原来是族谱，是从温氏 16 世祖廷族公开始记录，一直记到温炳旭的孙辈温明耀，他是 24 世。16 世再往上没有记录，所以温厝的温氏来源在那个时候大家还不太清楚。

2000 年，平和县芦溪镇的温志民来到温厝这边的建筑工地打工，志民的姐姐那时已经从平和县嫁到温厝社了。在与大家聊天的过程中，志民提到他的哥哥温志强说温厝的温姓人家是从平和迁徙过来的。那时大家都不相信，温志民解释说，他们家里的族谱上有记载。只是这族谱由他哥哥收藏，很珍贵，不让外借，但是温厝的人如果去平和，应该可以看到。

当时，温厝的温氏各房热心人士都很兴奋，就与平和芦溪的温志强书信约定好日子，在 2001 年春天 10 多个人自费包了一部面包车就到平和去了。

温志强见到大家来了也很高兴，拿出珍藏的旧族谱给众人看，只见那发黄的族谱边角已经被白蚁侵蚀。温志强说，这本老族谱是当年宗族的老房子倒塌时，被发现藏在墙洞的铁盒里。这本族谱几经周折后，最终由他妥善保藏。

族谱用毛笔楷书写就，据说成于清末。第三页中间直行写着“四世三房祖名礼公，分居漳州府海澄县龙塘社温家庄至五世孙讳如章登，进士御侍”。众人看到族谱所记，欣喜异常。此后，温厝社又有多人两次包车前往平和县观看族谱，走亲访友。

由于历史的原因，温厝的温氏族谱册早已不存在，现在收集到的有两个版本，大家的看法也不尽一致。盼望温氏宗亲热心人士再接再厉，多方收集历史资料加以考证，将来能有一个理想的答案。

温厝社区程水平主任采访记

采访时间：2014 年 5 月 8 日至 2014 年 5 月 30 日。

采访对象：温厝社区程水平主任、社区支委温月佳。

全力资助慈济北宫重建

温厝社泰安宫自 1987 年重修后，宫里供奉的保生大帝于 1993 年第一次进香出游。当时通过卜杯，程水平当选为庙会理事长，带领信众们抬着神像轿辇到位于宁坑西南的慈济北宫旧址进香，并在旧址的草丛中设一供桌进行了祭祀活动。

祭祀活动后的第三天，宁坑的一个老人找到了程水平家，说是神灵托梦给他，要求众人重建慈济北宫，并希望程水平去发动群众，积极捐款，尽快动工。由于那时他还年轻，筹建工作由程水平的父亲程乌和一些村里德高望重的老人来主持，而程水平几兄弟在重修庙宇中尽其所能出钱和出力。经过多年的艰苦建设，慈济北宫逐渐建成了现在的宏大规模。

认真做好村委会主任的工作，全心全意为村民服务

经过全体村民民主选举，程水平于1997年5月20日当选为温厝村村委会主任。他虚心向老一辈村干部学习，积极为村民们谋福利，带领大家勤劳致富。他的工作得到了村民们的肯定，现在已经连续6届在村委会（社区居委会）主任的岗位上为村民服务，10年来取得了一些成绩。

第一，1997年、1998年，村委会联系、组织进行了全村的电网改造和村道硬化改造，村民过上了安全用电、舒适出门的生活。2000年，进行了全村的自来水管网安装，让1000多户村民家家户户都喝上了自来水，结束了多年饮用苦涩井水的历史。

第二，1999年，村委会带领村民们积极办理社会保险，办理保险的村民每人只要缴交300元（小孩200元），村委会则每人给予300元（小孩200元）的补助。

第三，在海沧首次推行土方工程、地材招标制度。为了公平和公正、避免纠纷，维护社会稳定，温厝村"两委"于1999年在所有征土地、征滩涂各项目中开始推行统一公开招标制度。全体村民分享了工程承包的收益，得到了村民们的肯定和赞赏。

第四，首创合资购买通用厂房，让村民手中的征地补偿费保值增值。2004年，程水平带领村委经过多方考察调研，并征得全体村民的同意，用1400万征地补偿费购买了一栋出口加工区的通用厂房，建筑面积8850平方米。

2005年，温厝村召开全村大会，经过各户派代表进行表决，大多数代表同意又用1400万元人民币买了建筑面积7660平方米的一栋通用厂房。

现在两栋厂房的净资产已经达到1亿元人民币，资产也转化为股份，每股股价7000元。其中，村民个人出资3500元，村委会出资3500元。从2006年开始，4000个股东每年都可以分红650~700元，村民们得到了实实在在的收益。

第五，资助村里的老年人和考上大中专的村民孩子。从1998年开始，村委会组织村财，对本村男60岁、女55岁及以上老人，每人每年发放慰问金80元，体现了社会对老年人的尊重和关心。

也是从1998年开始，村委会设立了一项奖学金制度，对本村考上大中专院校的学生发放奖学金，考入大学的每人1500元，考入大专的每人1000元，考入中专的每人500元，由村财支出。同时，村委会积极联系周边企业贡献爱心，为困难学生提供困难补助，如出口加工区、石化公司、钨业公司、受兴家具、众达钢厂、明达公司、鸿益顺公司等，都提供了不少资助。一些困难家庭的学生每年可以得到数千元的补助，个边特别困难的学生可以获得近万元的补助，这些学生在学校努力学习，品学兼优，走上社会都成为重要的栋梁之才。

兴办高科技企业，为村里的富余劳力安排就业

温厝村地处海沧区征地拆迁范围，近年来部分土地被征用，村里出现了不少富余劳动力。程水平身为村主任，想群众之所想，急群众之所急，于2005年开始创办厦门鸿益顺环保科技有限公司，以发展环保、高效节能产业为发展方向创造更多的就业机会，解决更多的富余劳动力出路问题。经过几年的发展，企业越做越强，本地村民也跟着收益，现在公司里本地员工已经将近300人，占企业员工85%以上。经过学习深造，有些人已经成为各岗位的重要骨干和领导力量。

由于对社区和对海沧新区的突出贡献，近年来，程水平屡屡获得上级机关的嘉奖，接连获得福建省劳动模范、福建省“五一”劳动奖章、福建省优秀党务工作者等光荣称号，并被推选为区、市两级的人大代表。这些荣誉让程水平更加感到自己肩上担子有多重，他愿意尽自己的所能去帮助本村村民。

温厝党支部书记温建国采访记

采访时间：2014 年 8 月 31 日。
采访对象：温厝党支部书记温建国。

温厝社区党支部概况

温厝社区党支部原名温厝村党支部，是 2006 年温厝进行“村民委员会改居民委员会”时改名而成的，下设 15 个党小组，温厝社区的每一个居民小组都有一个党小组。

温建国 1996 年在村委会担任文书兼户籍员，同年光荣入党，2000 年被推选为温厝村党支部书记。2003—2012 年，在每三年一次的支部换届选举中，温建国同志连续 4 届都以高票当选为支部书记。

温厝党支部在海沧街道是个排在前列的先进基层党组织，在为新农村的建设发展中做了很多工作，这是得益于温厝村从早年的 60 多个党员到现在的 170 多名党员的共同努力，得益于有个团结坚强的党支部领导班子。作为这个班子的领头人，温书记认为最主要的一点，是在党支部内全面推行民主集中制，让党员们充分发表自己的意见，然后把大家合理、有建设性的意见综合起来，形成决议，并努力贯彻和实施。

认真做好支部书记的工作，全心全意为村民、为党员服务

由于靠近海沧工业区，为了支援国家建设，温厝村在 20 世纪 90 年代就开始征收土地、征收滩涂。2002 年，海沧出口加工区一

期、二期开始建设，温厝村的石仓、萧坑、长园 3 个自然村整体拆迁。最近几年，随着出口加工区规模继续扩大，以及为防止被污染，除了靠近海沧野生动物园的山后自然村在进行“美丽厦门共同缔造”新农村建设以外，整个温厝村都在陆续拆迁之中，赤石、宁店、宁坑已拆迁户达到 90% 以上，温厝、马垅等自然村拆迁登记户也达到约 80% 了。

温厝村在海沧是个比较大的行政村，人多地广，从 20 世纪 90 年代至今，征收田地、山地、滩涂累计有 1 万亩左右。每次征收工作，村“两委”都及时配合政府，做了大量认真细致的工作，顺利地完成了各次征地任务。

土地、滩涂被征用后，如何使用政府发放的征地补偿费是个很敏感的问题。大多数村庄会把补偿费直接发给村民，而温厝党支部和村委会在广泛征求村民意见的基础上，独创了用补偿费购买出口加工区的通用厂房出租给公司客户使用，将收取到可观的租金按股份比例分给村民。这种方式让各户村民每年都可以从中得到长期的收益，而厂房的产权也归村民所有。目前，这些厂房已经增值了不少，村民都相当满意。

当然，十个手指不可能一般齐，有的村民也会有不同的意见。在温书记回忆往事的时候，他说在多年村干部的生涯中，印象最深的是 2007 年对一次村民上访事件的处理过程。

2005 年，温厝村经过村民大会表决通过，购买了第二栋厂房；而后省政府出台了文件，要求各地必须将 70% 的征地补偿款发到农民手中。虽然当时在村民户派代表大会上已经高票通过了购买厂房的方案，并且已经按方案购买了厂房，却有个别村民在 2007 年通过上访等形式表达了要求卖掉厂房，将钱分给个人的诉求。党支部和村委会非常重视这个问题。经过认真调查、充分了解村民的真实意愿，通过向大家详细解释了购买厂房的长期效益后，第三次召开村民户派代表会议。这次会议共花了八天的时间，分别在温厝、宁店、宁坑、赤石、马垅、山后、石仓、萧坑、长园 8 个自然村开会并举行投票，每个农户都派当家人参加。最后，参加会议的97%户派代表对不卖厂房继续出租的方案投了赞成票，事件得到了圆满的解决。

自2000年以来，温厝党支部很重要的一项工作，就是在上级党委的领导下，做好、做足对村民的拆迁动员及拆迁后的安置工作。村支部和村委会的干部耐心地跟村民摆事实、讲道理，引导村民从大局着眼，说明支援海沧建设发展的重要性，指出搬迁后村民可以免受附近石化工厂的污染之苦，大大改善居住环境，可以提升自己及下一代的生活品质和自身素质。村民们在村“两委”的劝导下，在党员骨干的带领下，逐渐改变了旧有的观念，陆续实现了搬迁。

搬迁后的村民管理也是一项复杂和烦琐工作，温厝村上千户的搬迁家庭中一大部分搬到安置小区——兴港花园，住到鼓浪湾花园、天心岛小区、禹州花园小区的各有四五十户，还有一些住在海沧生活区的其他小区，如奥斯卡、天湖、彼岸等。村民们生活在各个小区，人员管理和户籍关系却还留在温厝社区，村委会和村党支部的工作量大大增加，计生工作、治安纠纷等都需要干部到现场处理。村“两委”的同志们任劳任怨，都能很好地完成各项工作，受到各级领导和乡亲们的赞赏。

当前，温厝“两委”还有很多事情排进了议事日程，村里还有一些集体财产，如菜市场、村部大楼、一些山地和林地，在区政府和海沧街道的协调下，村财置换工作正在陆续展开，到时将调换成一些小区的店面作为村社的固定资产，与两栋厂房一样进行量化管理，有可能到时会成立专门的管理机构进行公司化管理。还有各个村社的宫庙、宗祠和村民的活动场所，也要在政府指导下进行规划、建设。这些都需要党员干部们一起努力，齐心协力来完成。

温厝社区“两委”干部采访记

采访时间：2014 年 10 月 31 日—2015 年 4 月 8 日。
采访对象：苏登波、张国兴、康少鹏、余志强、温月佳等。

温厝支部宣传委员苏登波采访记

苏登波是温厝村山后社人，自从 2000 年 5 月经选举担任了温厝党支部宣传委员，他已经在这个岗位上为温厝百姓服务了 15 个年头。苏登波对温厝村 10 多年来的发展和变迁有着深刻的了解和思索，采访中，他将村中多年往事如数家珍般娓娓道来。

海沧区农村党支部宣传委员的工作范围相当广泛，苏登波除了做好党支部宣传委员的本职工作外，还要负责村里的统战工作、文教卫生、劳动保障和关工委工作。由于他是复员军人，苏登波同时还兼任温厝村的民兵营长，真是能者多劳。山后社正在进行的“美丽厦门、共同缔造”新农村建设，很多具体工作也是他在主持之中。

苏登波 1958 年出生，1978 年 7 月海沧中学高中毕业，1979 年初应征入伍，随即奔赴广西前线参加自卫反击战。在部队里，多次获得嘉奖，并于 1982 年光荣加入中国共产党。1984 年从部队退伍回到海沧，由于在学生时期他的体育技能相当出色，特别是长跑方面更是经常获奖，那时海沧中学体育师资相当缺乏，校长、书记得知苏登坡复员，亲自来到山后社邀请他到海沧中学担任体育教师。他这一去，就在学校待了整整四年。

那时教师的工资比较低，每月只有 60 元左右。因为上有老、下有小，他日子过得很拮据。为了改善生活，1988 年他辞职回乡，承包了村子附近的一块水塘养起了对虾，直到在 2000 年的村党支部选举中，他被推到了村干部的岗位。

苏登波上任后，就面临温厝村开始大范围征地拆迁，由于他文化程度相对较高，对本村的村情村貌比较熟悉，村委给各级政府及各相关部门单位文书报告大都由他起草。他完成的各种报告都满足了三个要求：短，言简意赅；及时，迅速出文；全面，没有遗漏。他完成的这些报告为争取政府对村里发展项目的支持，为能得到较好的政策扶持发挥了不小的作用。当时，曾出现村民们自发的围厂事件，当政府的处理人员到场，他写的事件报告也送到现场，为及时处理提供了保证。

温厝村的统战工作也很繁杂，侨属侨眷有三四十户，归国华侨也有好几个，每当过年过节都要组织人员挨家挨户进行慰问。在拆迁过程中，保护归侨利益是村里的一项重要工作。在新建小区安排安置房的时候，村“两委”对归侨做出特别的照顾，让他们排在前面进行抽签，先挑选房源。归侨们挑到满意的新房后，众人才开始分房。

温厝村有众多的家庙和宫庙，著名的慈济北宫也在温厝村的辖地，这些场所经常举行一些祭祀仪式和宗教活动。避免村子里出现非法的宗教活动，也是统战工作的内容之一。苏登波时时观察着，努力做到及时发现不良苗头并及时处理，避免事态扩大。他作为北宫理事会的成员，参与了慈济北宫的管理工作，经常宣传政府有关宗教政策的法律法规，努力维护社区稳定与和谐。

劳动保障也是苏登波的主要工作之一，它涵盖了劳动就业、社会保险、医疗保险三大方面。由于全村拆迁，村里出现了大批的失地农民，如何安排这些人再就业，是村“两委”考虑的重大问题。村里有一些人拿到了拆迁补偿不知如何安排，泡茶聊天，甚至喝酒赌博。如果不加以引导，将会很快坐吃山空，最后会落到无法维持基本生活的境地。

而失地农民大多数为四五十岁年龄，文化程度普遍较低，要想安排就业困难重重。苏登波和村“两委”领导从两个方面着手：一是加大宣传力度，动员人们改变旧的观念，克服畏难情绪，敢于找工作，先上岗才会有新收入；二是广开就业门路，在海沧周边企业多方寻找就业机会，积极把待业农民推荐出去。他们把全村失地待业人员整理成册，详细注明个人情况，一旦有招聘机会，老苏及其他村领导就会亲自带着大家到各企业参加面试。由于村干部的推荐积极，待聘村民态度认真，企业喜欢上了这些吃苦耐劳的求职人员，招聘成功率相对较高，双方都很满意。这几年，海沧出口加工区、海沧市政公司等单位都吸收了村里的大批人员。而厦门通海顺集团因与温厝村的关系密切，近年来招聘了二三百个富余劳力，使就业难题大大缓解。

2000 年，温厝村就开始办理农村合作医疗，全体农民都参加了。那时，因病住院的费用按比例到医保中心报销，老苏每到年底就要各家收集发票、填表造册、逐级审批、报销现金，然后分给各位参保人，事情相当烦琐。从 2008 年开始，厦门全面推行城乡居民医疗保险，区政府还给予村民们每人 100 元的医疗补贴，农民的健康得到了保障，大家直接到医保单位刷卡就医，方便了许多。

办好失地农民的养老保险也是村委的一项重要工作，在各级政府的支持下，由区财政补贴一部分，农民自己出一部分。村里男 50 岁、女 45 岁以上的失地农民已经有 700 多人办理了养老保险，大家的老年生活有了较好的保障。

关心下一代工作委员会（简称“关工委”）主要工作是配合学校做好村民子弟的思想教育和管理，了解学生们在学校和社会上的表现,及时发现一些不良倾向并及时予以纠正。经过苏登波及村“两委”干部共同的努力，温厝村民的子弟在学校表现都相当好，考上重点大学的学生也逐年增多。

苏登波当前很重要的一项工作,就是参与和主持山后社的“美丽厦门、共同缔造”工作。他是土生土长的山后社人，作为温厝村唯一一个不拆迁的自然村，山后社背靠大观山，紧邻海沧生活区，有好的地理环境，是一个建设新农村的理想村庄。苏登坡和山后组长苏永成紧密配合，加大宣传力度，努力做好村民的思想工作，让大家理解共同缔造是大家自己的事情，是实实在在的好事，必将惠及各家各户。村民们思想通了，纷纷自觉地集资让地，投工投力，经过半年多的建设，村庄的面貌已经发生翻天覆地的变化。

温厝社区党支部组织委员张国兴

张国兴是温厝村“两委”现有7个干部中工作时间最长的一个，他从1994年就被选为副村长，1997年以后担任党支部组织委员，在党支委的岗位上已经连续工作了17年了。

张国兴出生于1957年，1972年初中毕业后就回到村里务农，后来分配在大队兽医站，给猪、牛、鸡鸭看病、预防。当年，大力发展养猪事业是一项重要国策，除了改善村民生活，增加农家肥，还要完成生猪的统购任务。因此，当时政府提倡每个农户要养一头猪，加上生产队、大队集体养猪场，为几百上千头猪防疫、治病是很繁重的工作。当时，大队对各户所养的猪都实行免费医疗，如果有病死的，还可以在称重后给予每斤0.5元的补偿，大家的养猪积极性大大增强。张国兴和其他三个兽医站的同事白天为猪、牛看病，晚上还要到各个村民家中为所养的鸡鸭打预防针。打针方法较简单，抓着鸡鸭的翅膀，从它们肩膀肉厚的地方插入针头就可以注射了。

1973—1975年，张国兴担任温厝村团总支副书记。他经常带领村里的年轻人为“五保户”做好事，挑水送菜还不留姓名。农忙时节，团员们常常半夜起来到秧田偷偷拔秧，天亮前将拔好的秧苗送到大田，让大伙一上工就可以插秧，保证了春耕生产的顺利进行。

1977年，张国兴因为表现突出，被抽调到大队农技站。当年，水稻的育种对提高农作物的产量和质量有非常重要的作用。在水稻扬花季节，每天晚上张国兴和他的同事们在育种田里两人牵着长绳子，沿着稻田边走边轻抖绳子，为雄株雌株杂优稻授粉。他们的辛勤劳动取得了丰硕成果。他们培育出的杂优稻，产量高而且口感好，获得大家以及领导的好评。农技站还进行了灯光诱杀稻螟虫的试验，取得效果后大力推广。张国兴的同事、山后社的刘汉龙还因此被评为厦门市劳动模范，大家都觉得很光荣。

1981 年，张国兴当上了温厝大队第四生产队的副队长，每天派工记分，精心组织生产。由于土地较为贫瘠、缺乏水源，当地村民说是“种花生不结仁，种地瓜如细绳”，生产队后来组织劳务队到厦门岛内打短工，拉货车、打碎石，挣来的钱再向生产队换工分。这种情况一直到村里的引水渠建成后才有所改善。

1983 年，村里实行了承包责任制。由于温厝地少人多，每人承包的水田旱地只有几分地。那几年，张国兴也跟大家一样，种了不少蘑菇。开始销路还不错，后来出现了滞销，大家的蘑菇烂了只好倒掉，损失很大，后来改种蔬菜，还有其他一些副业。这一时期村民的生活还是有些艰难。

1994 年 5 月，张国兴被推选为温厝村副村长，开始了长达 21 年的村干部生涯。

当时，副村长主要负责计划生育和综合治理等工作。1995 年，根据上级要求，张国兴又兼任了党支部计生专职副书记。当时，农村计生工作的重要性可见一斑。张国兴回想起当年对违反计划生育人员采取的措施时的一些小事，印象还非常深刻。那时，村里一位怀胎数月的妇女被送去引产时身无分文，同情之余国兴私下从身上掏了几百元塞到她手中，让她能在手术后补充些营养。

1995 年以后，温厝村有一段时间没有村长，张国兴作为副村长工作量大大增加。他任劳任怨，顺利地完成了任内工作。

1997 年至今，作为分管组织工作的党支委，见证了党支部从当时的 78 名党员到现在的 179 名党员的发展壮大过程。除了支部每年在村里的积极分子当中发展一两个新党员外，村里的大学毕业生、部队复员军人都带回了大量的新鲜血液。再加上退休回村的老党员，整个党支部生机勃勃，为村里的建设发展发挥了重要作用。

张国兴在多年的“两委”工作中，勤奋努力、兢兢业业，党和各级政府给予他各种荣誉：1995年被评为海沧镇优秀人大代表、2007年被评为海沧街道优秀党务工作者、2012年被评为海沧街道创先争优优秀共产党员。从2003年起连续三届当选为海沧区人大代表。在此期间，他积极参政议政，每次大会都会提出一些符合当时社会需要的议案，并有多个议案被采纳。

温厝社区副主任康少鹏

康少鹏出生于1964年，1981年从海沧中学高中毕业后回温厝大队参加农业劳动。1983年，开始拜师学习裁缝手艺，两年后自己在村委会楼下开了一家小裁缝店。1995年，裁缝店改行为窗帘店，生意一度红火。一直到2008年，温厝村开始陆续拆迁，盖新房做窗帘的村民越来越少，窗帘店因此歇业。

1997年，康少鹏被推选为温厝村第九村民小组的组长。2000年，通过选举当上了温厝村村委会副主任，连续担任了五届副主任了。2015年，当选为温厝社区居委会党委委员。

村委会副主任工作范围较广，综合治理、农林水、安全生产琐事甚多，还同时兼任治保主任。工作任务虽然繁重，但康少鹏却将各项活动做得有声有色。前几年，海沧区年年举办消防比赛，康少鹏精心组织训练，赛场上认真带领大家参赛。温厝村的义务消防员不论团体还是个人，连续多年在消防比赛中取得第一名，受到了上级的表扬和村民们的赞赏。

温厝村有两座山，护林防火是重要的事项之一。2009年，由于洪坑岩山下农场片区有人扫墓用火不当而引发了山林大火。火光就是命令，康少鹏及时组织义务消防员上山扑火，配合消防队迅速扑灭了山火，避免造成更大的损失。后来，每逢元旦、春节、清明、五一节、国庆节等重大节日，他都提前做好森林防火宣传工作，悬挂横幅，发放宣传单，并成立防火应急分队。由于宣传到位，温厝树林片区没有发生火灾。

村里的自来水、电也是康少鹏的管理范围，大家习惯了哪家没水没电，一个电话就把副村长叫来。他总是不厌其烦地上门为村民排忧解难，深得众人的好评。

2005 年，石仓社村庄拆迁，部分村民因各种原因尚未签字搬出，住在旧房子受到附近施工的较大影响。特别是爆破工程，有的施工队伍装炸药量太大，爆炸的冲击波将村民的玻璃都震碎了，而且粉尘漫天，村民苦不堪言。康少鹏多次与施工队沟通，动员他们减少装药量，并注意在施工时浇水除尘之后，情况有所改善，村民的不满情绪也得到了缓解。

在担任村“两委”的工作中，由于康少鹏工作认真负责，获得了以下光荣称号：2008 年厦门市平安家庭标兵户、2008—2009 年厦门市海沧区安全生产工作先进个人、2011 年海沧区海沧街道优秀共产党员、2013 年度优秀综治工作者。

温厝社区委员余志强

从 2000 年开始，余志强一直担任温厝第四村民小组的组长，2012 年 5 月的村民小组长选举，他继续连任。在 2012 年 7 月的温厝社区委员会选举中，余志强又被选为社区委员，所以他是当地为数不多的兼任社区委和居民小组长两职的干部之一。

余志强生于 1969 年，1988 年从海沧中学毕业后回到村里，1990—1993 年，担任温厝村团总支书记，带领村里的年轻人做了不少好事。他认真做好团建工作，带领全体共青团员完成上级团委交办的各项工作，组织团员认真参加上级发起的各种活动。在“美丽厦门，共同缔造”等工作中，他不断加强业务学习、努力提高自身素质。民政工作是面对社会弱势群体的工作，如果不能很好地学习掌握民政法规、政策，就不能很好地为广大人民群众服务，尤其是那些优抚对象、特困人群。因此，他一方面积极参加政治学习，提高自身的政治素质，一方面认真自学各项规章制度，参加上级部门组织的业务培训，对相关的法律、法规有了进一步的了解，使自身综合素质有了较大的提高，为更好地服务于群众打下了坚实的基础。

1997—2000 年，余志强当选为温厝村四组村民代表，他积极发挥村民代表的职责和作用，成为村委会与村民之间的桥梁。2000 年，开始担任四组村民小组长。在 2006 年宁坑的征地拆迁工作中，一些村民有抵触情绪，余志强通过耐心细致的宣传工作，最终取得村民们的理解，顺利完成拆迁的前期工作。

2012—2015 年，余志强当选为温厝社区居民委员会委员、调解主任，分管民政工作（兼任四组组长）。在调解工作中，他做到了及时发现村民纠纷，及时调解梳理，及时化解矛盾；做到了不分白天黑夜，随叫随到。村庄拆迁后，村民居住很分散，处理一件纠纷要跑好几个地方，而且要跑好几趟，工作量很大，但余志强从不抱怨。在三年任职期间，他一共处理村民纠纷 26 件，成功率达到 100%。有时村民发生交通事故，他还要配合村主任积极帮村民处理，有时要忙到半夜一两点。

为了做好低保的基础工作，余志强积极参与整理规范低保资料，并全面完整地上报。对 2012 年来社区内的 68 户低保户，5 户“三无”对象，1 户孤儿进行了张榜公示，并按照规定的程序上报审批。对于困难群众做到应保尽保。三年来，年新增加低保共有 3 户，对于生活有改善的群众退出低保有 20 户。

针对本社区重病慢性病较多、许多家庭因病还贫、沉重的医药负担让有些村民生活陷入困境的情况，余志强急病人所急，三年来为社区内将近 40 人（次）的村民向上级争取了重大疾病医疗救助，并与海沧区朝阳基金会结对帮扶社区内 17 名高中以上困难学生发放助学金，与石室禅院雨露育青苗基金会结对帮扶社区内 40 多人困难儿童，每人发放助学金 1800 元，助学 2 名高考生学生各 5000 元，同时为低保与边缘户将近 200 人次申请临时救济，为构建和谐社会发挥了积极的作用。

余志强在 2011 年被评为优秀共产党员。

记温厝社区“全国模范人民调解员”温月佳

温月佳，学校毕业后在温厝小学担任幼儿园教师 11 年，担任温厝村团总支书记 14 年，曾当选杏林区第八届人民代表，2006 年至 2012 年被选为温厝村村委，2012 年至今担任温厝社区党委委员。

自 2006 年任调解主任以来，温月佳立足本职、任劳任怨，调解矛盾纠纷 200 余起，调解成功率 98%，履行率 100%。防止群体性上访 15 起，制止自杀 4 起，防止民转刑 3 起，在平凡的岗位上做出了不平凡的成绩。她被百姓称为“纠纷克星”“和谐使者”，2010 年被中华人民共和国司法部评为“全国模范人民调解员”，成为一位备受辖区居民赞誉的模范人物。在全国表彰的 1000 名模范人民调解员中，温月佳是厦门市上榜的 4 人之一。

调解主任这个岗位是个棘手的差事。温月佳上任之初深感自己还是个“门外汉”，于是暗下决心，勤学苦干，利用闲暇时间学习法律法规知识，不断拓展自己的知识面。同时，她苦心钻研业务，努力提高自身素质，经常对一件纠纷设置两套以上的解决方案，考量、判断最佳选择。遇到自己不懂的法律问题，她就虚心向司法所的同志们请教。功夫不负有心人，温月佳很快成为海沧街道出了名的调解行家。

多年来，温月佳风里来，雨里去，不管白天黑夜，只要有纠纷，她随叫随到，毫无怨言。2008 年，海沧保税港区一期建设的拆迁工作紧张进行，拆迁补偿使许多家庭祖辈遗留房产分配不清的问题浮出水面，这个问题涉及许多继承人、关系复杂。针对此类产权共有纠纷问题，她无数次地走访、调查、调解，几乎磨破了嘴皮子，最终以她的真诚促使各方达成分配协议，使拆迁工作得以顺利进行。

这类纠纷还有很多，由于大多数当事人白天要上班，大量的调解工作只能在晚上进行。连续几个星期没有休息日，每天工作到晚上十二点对她来说变得很平常，但她从不叫苦，奉献精神让人敬佩。

多年的基层工作让温月佳明白，民间纠纷无小事。如果夫妻不和、邻里不睦等纠纷不能及时得到化解，小则影响生活和睦，大则引发治安、刑事案件。为此，温月佳从未松懈过走访排查，真诚调解，不厌其烦排解民忧，化解了一桩桩纠纷，成为温厝百姓们温暖的贴心人。

温月佳全国模范证书

温月佳全国模范勋章

温月佳优秀党务工作者证书

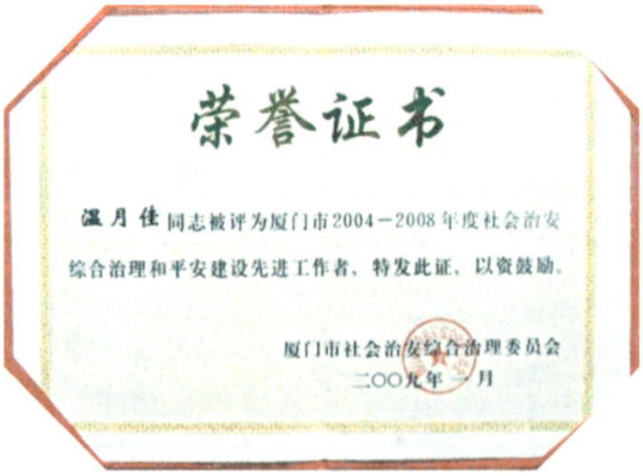

综治先进工作者证书

温厝村的小苏和妻子小温因为一些问题引发家庭矛盾，眼看一个小家庭即将破裂，温月佳知道后，同温斌辉（计划生育管理员）不顾路途遥远，找到住回娘家漳州海门的小温，耐心倾听她的诉说，最后一起将小温接回了家。如今，夫妻和好如初，一家人其乐融融。

这就是温月佳，勤奋、敬业的她用细致入微的工作方法为群众排忧解难，把法律、政策和爱心送进当事人的心田，浓墨重彩地书写自己的人生。

采访海沧土笋冻传承人林联和

采访时间：2014 年 8 月 21 日。

采访人员：宁坑社村民林联和（46 岁）。

土笋冻是闽南一带独有的一种小吃，冬春季节的时令佳肴。由于它外观晶莹剔透，入口味道鲜美，又极富营养价值，越来越多的消费者从认识它，到逐渐迷恋上它。现在土笋冻已经被誉为厦门第一美食小吃了。

土笋冻的主原料是一种环节动物，也有人叫它“沙虫”，有的地方叫“海蚯蚓”，它真正的学名是“可口革囊星虫”。它身长 2~3 寸，个头大的有食指粗细，小的也有筷子般大小，体内五脏俱全，后面还有一段火柴棒大小伸缩自如的小尾巴。据明朝屠本骏《闽小记》中写道：“其形如笋而小，生江中，形丑而甘，一名土笋。”土笋富含胶质，去除肚中杂物后，清洗干净，经过熬煮，所含胶质溶入汤中，冷却后凝结成了块状，就称为土笋冻，吃起来味美甘鲜。

早就听说，厦门最好吃的土笋冻在海沧，海沧最好吃的则是温厝宁坑社出产的土笋冻。带着好奇，调查组走访了具有代表性的和聚源土笋冻店加工场。

温厝村宁坑自然村这两年已经搬迁，原址位于旧村里的和聚源

熬煮好的土笋汤分装在大方盘冷却（右下角小图为浸泡过的土笋）

土笋冻店加工场也搬迁到海沧生活区附近的渐美村落户了。和聚源的老板名叫林联和，是一个朴实、聪慧、开朗的中年人。

加工场面积不大，几个中年男女忙着碾压、清洗、煮沸、分盘，工作紧张而有序。端来盘中是切成长方块状晶莹透亮的土笋冻，不用沾佐料，入口脆、爽、嫩、滑，味道非常鲜美，确实如人所说，是人间不可多得的美味佳肴。

据林联和介绍，海沧围垦之前，宁坑社就在大海旁边。大片的滩涂上经常可以挖到土笋，村里很多人都会制作土笋冻。那些年，村民们都较穷，地瓜米都无法吃饱，大家就会在海边的滩涂上，趁着退潮，捡些小鱼、小蟹，挖些土笋，清洗干净随便煮一下，填饱肚子就好了。合作化以后，生活慢慢好转，挖来的土笋吃不完就会拿去喂鸭子。到了20世纪80年代，改革开放春风吹来，大家逐渐富裕了，喜欢吃土笋冻的人逐渐多了起来，村里就有一些人专门做土笋冻出售给酒店，或者拿到集市上卖给人家。宁坑的土笋冻在厦门渐渐有了一些名声，宁坑社去海边滩涂挖土笋的人也越来越多，多的时候每天会有七八十人。

挖土笋是一件很辛苦的活。特别是夏天，人们要脚踩湿热的滩涂烂泥，天上的太阳如火焰般烤着赤裸的背脊，汗水湿透全身、冬天则是冰冷海水和刺骨寒风。此外，滩涂上的贝壳、石块还会割伤双脚。但是，宁坑的村民很勤劳、很能吃苦。为了一家人的生活，他们早出晚归，努力争取个好收成。由于挖的人多，近海一带的土笋越来越少，大家就会坐上公交车，到杏林马銮湾、同安沿海，甚至龙海沿海等地继续寻找挖掘。这几年，闽南一带海边的土笋越来越少，要继续制作土笋冻，就要到宁德或广东那些比较远的地方去采购原料了。

由于土笋冻制作大多是小作坊形式，产量较低，质量也无法保证，所以在市场上的发展受到了许多限制。

林联和一家世代居住在宁坑社，母亲温秀绒长期制作土笋冻，在海沧一带有些名气。林联和自幼看着母亲挖土笋、卖土笋、制作土笋冻，对土笋产生了很大的兴趣。穷人的孩子早当家，由于家中贫穷，林联和从很小时候就帮着父母亲制作土笋冻。上学后，他也利用周末和寒暑假的时间向母亲学习土笋冻的制作技艺：母亲从如何挑选土笋、泡土笋、压土笋、煮土笋，最后倒入事先备好的模具中冷却成型等制作过程。经过几年的学习，林联和完全掌握了这门技艺，并能熟练操作，也能指导帮手们学习土笋冻制作的技艺。

林联和不仅帮着家里人制作土笋冻，在学校还是个认真学习的好学生。1986 年，他以优异的成绩从海沧中学毕业，顺利考入集美师范专科学校。两年后，他回到海沧中学担任政治教师。他讲课活泼生动，很受学生们的欢迎。

正当他的教师事业蒸蒸日上的时候，他做出了一个令很多人想不到的决定。

由于林联和真心喜爱土笋冻这门技艺，1995 年 7 月，他不顾家里人的反对，放弃了教师这个受人尊敬的职业。他从海沧中学辞职，回到家里一心一意做起了土笋冻。当时，其他土笋冻经营者都把土笋冻的制作技艺当成独家秘诀，决不外传。林联和凭着对土笋冻制作的执著，在继承母亲的传统制作工艺的基础上，自己不断地摸索、研究、改良，大胆创新，形成了自己独特的风格，从而赢得了市场的认可，产品得到了厦门很多市民的喜爱。

2009 年，林联和创立了“和聚源”的品牌，并在工商部门申请注册。2011 年，他租下海沧区亚太广场的一间门面，并在渐美村建设了 500 多平方米的加工场地，形成了生产、销售一条龙。

和聚源土笋冻的制作方法是先将从滩涂挖来的新鲜土笋泡在水里，让它吐出肚里的泥沙，再铺在石板上碾压破肚，洗去肚里残余的泥浆杂质，然后加水在锅里猛火旺烧，只须滚沸两三分钟就可以了。经过泡、压、煮三道工序，将煮好的土笋和汤水倒入事先备好的模具中冷却，再放入大型冷柜中冷藏成型。和聚源专门采用纯净水过滤后来煮土笋，确保了产品的卫生和口感。

林联和继承了传统土笋冻的制作工艺并不断加以创新，设计制作了部分机械（如土笋清洗机）代替手工劳动，提高了劳动效率。他改革了土笋冻模具，不再使用传统的小茶杯为土笋冻成型，而是将煮好的土笋汤倒入不锈钢大方盘，冷凝后再按黄金分割比例切成短边 2.5 厘米的小方块。

原先土笋冻产品大都采用泡在冰水中保存的方法，那样子土笋冻的口味很快会变差。林联和独创了产品的新包装，每个密封保鲜袋中装足 450 克新鲜的土笋冻方块，再妥善冷藏保存。这为土笋冻产业从手工作坊向工厂化发展打下基础。当顾客需要邮寄或长途携带时，就用从厂家定制的大小不等的泡沫保温箱来包装。每个包装箱装入产品填满小冰块，可以保证土笋冻长途运输的安全和卫生。现在，每天都有上海、北京的客户来订货，甚至还有很多来自国外的客户。初步估算，每天都有成千上万的的顾客在食用和聚源的土笋冻。

和聚源积极发展生产的同时，还是海沧以至全厦门第一家主动报税的土笋冻经营企业，多年来积极纳税，守法经营。2012 年 4 月，一些报纸报道了引发厦门市民广泛关注的明胶土笋冻事件。2012 年

4 月 19 日，厦门餐饮同业公会召集部分会员单位、土笋冻商家及媒体记者，开展座谈会，商讨相应对策，同时号召厦门餐饮企业从自身做起，重视食品卫生安全，诚信经营。厦门餐饮同业公会副会长郑庆喜先生带队，来到和聚源土笋冻店进行实地探访。林联和在现场向媒体解密了土笋冻的制作流程，并主动将鲜活的土笋和制作完成的土笋冻送往质监部门检测，证明了林联和对土笋冻质量的重视和对顾客的诚信。

在林联和的加工场里，有七八个宁坑自然村的搬迁农民作为他的帮手加入到土笋冻制作的行业当中。这些人在加工场都有五年以上的时间了。他们在林联和的悉心指导之下，逐渐掌握了土笋冻制作技艺，改善了一家人的生活水平，并有机会在工作中、在林老师的帮助下，不断地提高自己的文化水平。现在，这几个人的文化程度都已经达到初中毕业（或以上）的水平。今后，他们如果自己要创业，就可以很好地利用这些技艺和文化知识，很快成长为土笋冻制作行业以及其他行业的生力军。

林联和在谈到宁坑拆迁时说，拆迁是一支双刃剑。拆迁在大多数农民心中是件无可奈何的事。由于大家祖祖辈辈都生活在这片土地上，他们对这里的每一田、每一水都那么熟悉，浓厚的乡土情结使大家难以割舍。其实，大家搬迁后住进了新生活区，看到的新事物会更多，眼界会更开阔。随着生活品质相对有所提高，个人的文化素养也会得到改善，而对下一代的培养和成长都有很多正面的影响，对当地农民来说，利也是远远大于弊的。

林联和现在准备着手向土笋冻产品的上游发展。由于本地的原料越来越少，而各地采购的土笋质量参差不齐，影响到了土笋冻的批量生产。当然，要人工养殖土笋，要有相当成熟的养殖技术和各方面有力的支持。林联和对此信心满满，相信在不久的将来，一条龙生产的和聚源会取得巨大成功。和聚源的产品将会让越来越多的民众享受到厦门土笋冻的美味。

和聚源历年获得的荣誉

2009 年 4 月 19 日，和聚源土笋冻被厦门市海沧区海沧街道办事处、海峡生活报评为厦门海沧餐饮名菜；2011 年 10 月，被厦门市旅游局等单位评为最佳厦门乡村美食。

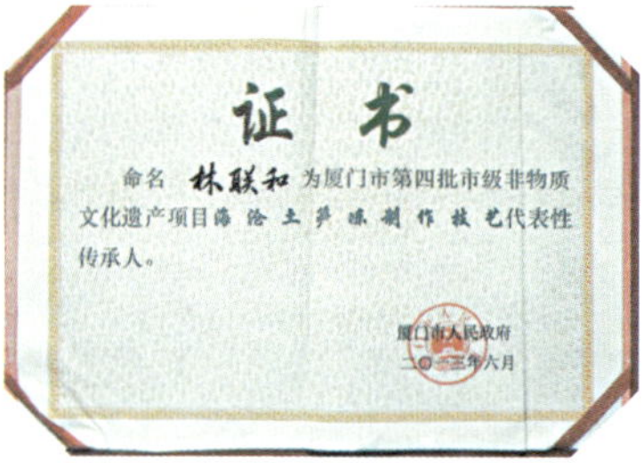

林联和非物质文化遗产传承人证书

林联和本人于 2013 年 6 月被命名为厦门市第四批市级非物质文化遗产项目（海沧土笋冻制作技艺）代表性传承人。

厦门海沧餐饮名菜牌匾

最佳厦门乡村美食牌匾

第四章　镜像温厝

第一节　千年信仰

温厝慈济北宫始建于 1157 年，时值南宋。而现在我们能看到的宫殿兴建于 1994 年，历经 12 年，2006 年前、中、后三殿整体竣工。

青砖红瓦，栩栩如生的盘龙石雕，虽欠宏伟但也精致大方，透着一股盈秀之美。很难想象眼前的这座宫庙在过去的近千年里经历了多少风雨，这里是海沧世代祭奉的保生大帝的四大祖宫之一——慈济北宫，温厝人以之为傲。进香、祈福、祭祀，温厝人得以传承的民俗由这里延伸。

走在宫殿的回廊里，慈济北宫理事会理事温永仁告诉我们，脚下这片土地在 40 年前曾是一片农地，眼前一些古老的龙柱、石碑、石雕等当时就散落在附近的村庄里。早已从海沧中学退休的温永仁老人称："慈济北宫的命途坎坷，沧桑变化，三落四起"。

慈济北宫位于原龙溪县管辖的海沧三都温厝徐坑社之北，由于水路交通便利，在明成宗时期香火鼎盛。1661 年郑成功为收复台湾，在厦门一带练兵造船，因当时运输困难，木材紧缺，郑成功往慈济宫朝拜，"得许"拆了南宫、北宫的木料，并许愿复台之后必定"重建庙宇，再塑金身"。而后清军入关，为断绝沿海乡民与郑氏往来，实行靖边播迁政策，强迫福建沿海乡民内迁，烧毁宫庙、民房。郑成功虽已收复台湾，却难以达成复建慈济宫的心愿。

康熙时期，施琅收复台湾，内迁的乡民得以返回故乡，重整家园，1686 年附近乡民自动筹资重修北宫。“所以我们现在还能在宫殿里看到的清朝重修时留下的碑文。”温永仁老师指着墙上的《重修慈济北宫碑记》告诉大家。

就像许多历史文物一样，慈济北宫见证了自南宋以来一个个朝代的兴衰。在晚清的衰败中，北宫也逐渐破败，民国的军阀混战下，百姓更是无力修葺宫殿，直至日军的入侵，慈济北宫被日机炸平，再度成为废墟，仅剩下遗址和一些遗物。

1958 年大兴农业，北宫遗址被平整为农地，原来的遗物也散落在附近村庄。“原来的木料被村民们用来建牛舍、搭桥，甚至烧火，实在可惜，”温老师皱着眉头说道，“北宫原来的香炉之类也都交托给了东宫。”后来能找到的就仅剩“道光五年、道光八年、道光十三年、道光十八年这几年的重修碑文了”。

直到 1990 年，台湾保生大帝庙宇联谊会长周大围率台胞进香团到白礁慈济祖宫进香，读到《白礁志》关于北宫的记载，特意前往北宫考察遗址，认为北宫为慈济四大祖宫之一，并倡议重建。1994 年温厝等社成立重建慈济北宫理事会，广向海外侨胞、台、港同胞筹募，破土兴建慈济北宫。温永仁感慨地说:“北宫的修建实在艰难，它能有现在的规模是很不容易的。”

温永仁说，现在慈济北宫理事会只有 11 个人，都是附近年迈赋闲的老人，60 岁以下的只有两人，有 6 位已上了古稀之年。理事会的成员都是自愿义务打理北宫的事务，“一直以来只有一个日夜看管宫殿的工人每月拿 450 元的工资，还要负责做杂务。”温永仁说，现在慈济北宫的资金比较短缺，宫内的桌椅布置、接待进香团的茶水等开支都是理事会理事长自掏腰包填贴，和善男信女的添油资和社会贤达捐献的香资，每一元钱都用于北宫的建设。

“咱们那里也是这样，完全一样，今后有空一定要再来。”据温永仁转述，这是新加坡华侨李元玲率进香团来北宫进香时说的话。“当时他是用闽南语说的，尽管有个别字和我们的不太一样，但基本上是一样的。

而李元玲这“完全一样”说的就是慈济北宫的特别之处：宫庙内供奉的是“三真人”。“在慈济四大祖宫中只有北宫供奉的是三真人，”温永仁告诉记者，一般慈济宫供奉的只有吴真人，也就是保生大帝宋代的吴夲真人。而北宫同时供奉的还有唐代“药王”孙思邈和晋代名医“药圣”许慎，一共三位真人。而孙、许二人在吴真人之前，可谓保生大帝的祖师爷。

温永仁介绍说，除温厝外，附近地区如龙海、晋江的慈济信仰供奉的也有三真人，此外，在台湾南部地区、新加坡一带则更是盛行三真人。国内很多地方、以及海外多次组织进香团到北宫，北宫理事会也积极与各地慈济理事会联系。目前理事会已委托一位厦门大学的教授和台南供奉三真人的慈济理事会联系。温永仁说：“我们都是同根同源的，希望通过彼此的联系，能够发扬慈济文化，宏扬真人高尚医德，慈悲为怀，济世救人。北宫也能得到更多的支持和进一步的发展。”

第二节　百年宁店

在宁静、古朴的宁店自然村的古民居里，隐藏着一套完整的、建于百年前的“自来水供用系统”。

建成的整套系统高约 3 米，主体为上下两层，状似宝塔。底座建立在一块八卦形的平面地基上，主体旁边是个直径 1 米、高出地面二三十厘米的深水古井，水质清澈，井壁湿滑，可以显见其年代久远。

据村中李杏林、李友山两位先生介绍说，这座供水系统随古屋建于清朝，主人是海外华裔。它主要是用于家庭供水，主体部分相当于现代的水塔，而在古井旁边原有两根木柱安装滑轮和汲水配套设施，可拉动滑轮带动水桶，轻便地为水池储水。水池的自然压力把水输送到需要用水的各个房间，比如厨房，卫生间等，就如我们平常所用自来水一样，只是 100 多年前的家庭里有这样的设施堪称先进。有趣的是，如今经过现在主人的改造，这套系统还在使用。

在宁店一座有着百余年历史古厝的房顶上，我们见到了一只已经锈迹斑斑的避雷针，据村民介绍，这只避雷针从古厝建成时即已安装，至少已有百余年历史，可谓是厦门红砖古民居中最早出现的避雷针。

据村中老人李炳焰先生介绍，这栋古厝的建造者是从荷兰归国的李氏家族的先人，而他本人即为其第四代子孙，因而对祖上以及这栋古厝的历史知之甚详。李家先人在荷兰经商致富后于同治年间归国，回到故里宁店，花了将近 4000 两的银子建造了这栋古厝，建成后的古厝富丽堂皇，美轮美奂。据说当时村中建筑不多，这栋豪宅颇有鹤立鸡群的气势。为了防止雷电对屋子的破坏，他们运用了一项当时最为先进的科技——主屋屋顶上安装了在当时闻所未闻、见所未见的避雷针。正是有了避雷针，这栋古厝百年来安然屹立于雷雨之中，避免了雷击以及由此引发火灾的可能性。

由于这只避雷针是古厝建筑时就安装了，因而，它也有了百余年的历史，也许是厦门古民居最早出现的避雷针。

第三节　神奇龙山宫

关于龙山宫，村里有着许多古老的传说，大家都说千年以前这里就是神龙经常出没的地方。

宁店村头树立着一块石碑，上面刻着大大的“龙潜”二字。在闽南话中，宁店与“龙潜”谐音。这是一个有着上千年历史的民厝古村落，村民们大多坚信村庄有龙王爷庇护和保佑，并以此为傲。

沿着村道一直往前走，就可以看到一座千年古庙“龙山宫”。这座古庙始建于元朝时期，有 800 年的历史。清朝时期，宁店村出了一位名人乡贤李妈赛，该人时任印度尼西亚总理。在龙山宫的重新修葺中，李妈赛出巨资支持。走进龙山宫，最先映入眼帘的是装饰得色彩鲜艳的屋脊。燕尾形屋角飞翘，给人以巧妙灵动之感。屋顶采用彩绘、陶塑和剪黏装饰手法，在屋脊上布满花草人物和飞禽走兽，足见千年之前建筑技艺之精湛。

庙里常常有村民在此参拜，老人们也经常围聚在这里聊聊天、看看碑文，在老人们看来，庙里供奉的神仙非常灵，一直守护保佑着村民。龙山宫理事会李会长告诉我们：“每逢村里正月十一进香的时候，从来还没有下过雨。有时那天刚好遇到下雨的天气，可是到了进香时辰，雨会奇迹般停下来。”村民们认为是神灵的保佑在起作用。

龙山宫珍藏的千年文物，曾让小偷觊觎不已。原来宫前的两个大石狮被龙海的一群匪徒偷走卖到台湾一带。

谈起多年前的那件偷盗案，村民们仍然唏嘘不已。村里普渡节的前一天晚上，龙山宫前平时亮着的灯熄掉了。住在宫庙附近的一位姓毛的村民在庙内存放了价值千余元的饲料，平时晚上她都会去庙内看看自己存放的东西是否完好，可是那个晚上她没有去看。其实已经有一场杀机潜藏在宫内，一群龙海来的匪徒带了枪支等武器。一旦有村民发现匪徒，一场流血战斗不可避免，且匪徒带有武器，村民们必将处于下风。村民们认为是庙内供奉的神灵在保护他们，让他们避免了一场血光之灾。

村民们说，那群小偷偷窃完毕后，在路上意外地碰到了到外村巡逻的公安人员，小偷仗着自己带了武器迅速逃跑，还用枪火袭击公安人员，最终公安人员将这帮猖獗的歹徒绳之以法。

龙山宫进门的右侧，有一块清朝时期的示禁碑。据当地村民介绍，早在清朝时期，宁店一带有丐帮出没，他们称霸一方，常常扰民。

每逢村民娶亲婚嫁时，丐帮便强行阻拦，要求婚家雇佣他们做轿夫、吹手，且他们开出的价格是正常价格的十倍。村民们不堪其扰，每每娶亲时，都静悄悄地举行，以免丐帮流氓知晓。有时新娘采取步行、亲友护嫁的方式。

同治年间，宁店一位到荷兰经商的村民李康杰回乡娶妇，遇到了同样的敲诈。其兄将此事上书荷兰外交部，荷兰方面照会了清朝政府。漳州府海澄县正堂立即严禁类似事情再发生，并立禁碑告诫“乞丐营”不要再惹是生非，不准扰民欺民。如今这块示禁碑完整地保存在龙山宫里。据海沧文史资料记载，这可是外交史上罕见的奇闻，由县令出面立碑示禁仅此一例。

龙山宫内让人称奇的还有墙壁上惟妙惟肖的壁画，吴真人生活全景图、福生娘娘和注生娘娘画像、八仙过海图……这些壁画已有千年之久，如今看上去依旧清晰明朗。

值得称道的是，庙内保存的吴真人生活全景图是迄今为止记录吴真人生活轨迹最完整的实景图，它真实地再现了“真人到漳泉”“真人驱瘟神”“真人练功”等生活场景，是非常宝贵的文史资料。宁店的老人们也常常三三两两围聚在壁画前叙说“真人”的事迹。

后　记

山川之毓秀，古来共谈;时代之沧桑，贤愚皆惊。如今的我们，也正处在一个大变革的时代。这一时代,既是中国不断走向城市化，走向和平崛起的一个时代；同时也是我们的思想观念或者文化意识不断进行着更新，且探索新的存在价值的一个时代。历史的发展是不断向前的，但是我们却不得不去回顾历史的曲折，不得不依托于根源意识，尝试着由此而发掘出激励我们顺畅地向前的历史文化资源。

乡村曾经是中国的原生态的典范，乡土意识曾经是中国人的根源意识，乡土中国的变迁也正是20世纪后期以来中国所面临的最大的历史事件。我们之所以要编写“风土海沧系列丛书”，其根本契机之一也就是基于了这样一个历史大事件的宏大背景。

温厝村的调查活动，始于2014年春节前，一直延续到2015年8月。一入村里，首先进入我们视野的，是一片片正处在了拆迁之中的农居；充实我们听觉的，是不绝于耳的挖土机的隆隆声响；刺激我们的嗅觉的，是不断升腾的灰土气息。大批的村民离开了村子，只留下颓败的院落与不断往来的运载车。这一切构成了一幅极具中国现代气息的生活画卷。由此，我们感受到了一个原生态的村庄的即将消逝，一个混凝土森林之中的自然消逝。不过，经历了整村拆迁之后的村落，将与海沧新城区的整体空间形态保持和谐一致，从而建设为精致优美的现代新城区。

一个村庄的搬迁，一个村庄的消逝，消失的不仅仅是古老的村落，还会带走它所蕴含的深厚文化与沉重记忆。即使村庄的大多数村民属于就地安置，依旧会回到这片土地之上，但是过去的乡村之中的每一栋建筑、每一道标志、每一条道路，乃至一棵棵树木花草，皆潜藏了村民们的历史回顾、孩童记忆、生活印记、时代沧桑。在步入村落之后，尤其是经历了与村民的交流、与老人的详谈之后，作为文化工作者，我们最为深刻地体会到了这一点，同时也深切地意识到自身的责任与义务——积极挖掘村落文化资源，认真整理村落文献资料，避免使它湮没在时间的长河之中。

任何一个事物的发展皆不是一蹴而就的。任何一项重要的任务，也必然充满了曲折与艰辛。我们只不过是一群执着于搜集、整理有限的资料，展开口述史的整理与保存工作的人，即便是近在咫尺的村落调查活动，也不得不经历各种各样的考验。首先，我们要面对的，就是确立调查大纲的问题。我们经历数次讨论，编撰了调查纲要，但是却遭遇到了资料收集的问题，尤其是资料缺失的困境。为了资料的整理和审核，我们多次相约在厦门大学、海沧文化中心集体讨论、坦诚交流，终于得以克服重重困难。其次，就是调查时限的问题。一方面村落的整体拆迁迫在眉睫，传统遗址日渐消失，旧有风貌不再存在；一方面熟悉村史的老人相继离世，健在的老人记忆略为模糊，年轻人则缺乏了切身的了解和感受。如何挽留这样一个不断消逝的现实与记忆，需要我们不断地改进方法或者手段，一一地将各个问题落实到位。尽管如此，我们还是抱着一种紧张感与迫切感，迎难而上最终完成了编撰工作。

事实上，尽管在此我使用了“我们”的表述，但是温厝村的调查活动几乎完全是调查组林致平老师一个人独立完成。通过本卷的人物采访，我们可以看到自 2014 年 3 月至 8 月期间，致平老师走访了温厝村下辖的温厝、宁店、宁坑、赤石、马垅、石仓、山后、萧坑、长园的多个自然村，走访了多位重要人物，留下了第一手的口述材料。在此，衷心地感谢为本次调查提供支持与帮助的人士。温厝村村长程水平、书记温建国大力支持文化馆的调查活动，给我们提供了大量的素材与帮助，尤其是慈济北宫的历史材料；组织委员温月佳作为联络人，联络人员、确定时间，始终陪同致平老师参与采访活动；宣传委员苏登波也一直配合我们的调查工作，提供了不少文献材料。温厝村下辖多个自然村，在我们的采访中，亦得到了温厝社温炳旭老人、泰安宫温斌耀理事长、赤石社颜庆安老人、宁店社龙山宫李振沓理事长、宁坑社村民林朝成、马垅社村民刘汉生和刘汉龙兄弟、石仓社李志强、长园社李忠成、萧坑社萧亚来、萧和平兄弟、山后社苏氏理事会苏国平理事长等许多人的支持，获得了宝贵的口述史材料。尤其值得一提的是，温厝村老支委程乌老先生一直关心本书的编撰，多次为我们提供新的素材，并就本书的审校提供了不少有益的建议。厦门市博士馆陈文研究员提供了第三次文物普查的资料。正是因为他们的大力支持与热心帮助，我们才得以顺利地完成本书的编写工作，在此致以衷心的感谢。

中国人类学家费孝通教授曾经指出：人类学是为“文化自觉”而设立的学问。我们不知道本辑的编撰对于保留乡村民俗资料能否可以发挥出一点微薄之力，但是我们认为或许这也就是一场“文化的自觉”“文化之根的觉悟”，尤其是对于我们编者而言，成书过程之中的酸甜苦辣始终难以忘怀，也必将成为我们人生之中不可磨灭的记忆。

本辑编撰时间仓促，水平有限，出现的遗漏和疏忽之处，敬请读者予以谅解，并恳请有识之士批评指正。

编 者

2015 年 8 月 11 日